ASTROLOGÍA
A LA LUZ DE LA
LUNA

DESCARGA
GRATIS
CON ESTE
CÓDIGO
en la web www.editorialsirio.com/descargas

ASTROPSICO6

TE ENVIAREMOS UNAS PÁGINAS DE
LECTURA MUY INTERESANTES

Promoción no permanente. La descarga de material
de lectura solo estará disponible si se suscriben a
nuestro boletín de noticias. La baja del mismo puede
hacerse en cualquier momento.

Título original: Astrology by Moonlight: Exploring the Relationship Between Moon Phases &
Planets to Improve & Illuminate Your Life
Traducido del inglés por Francesc Prims Terradas
Diseño de portada: Editorial Sirio, S.A.
Maquetación: Toñi F. Castellón

© de la edición original
2021 Tara Aal y Aswin Subramanyan

Publicada por Llewellyn Publications
Woodbury, MN 55125 USA
www.llewellyn.com

© de la presente edición
EDITORIAL SIRIO, S.A.
C/ Rosa de los Vientos, 64
Pol. Ind. El Viso
29006-Málaga
España

www.editorialsirio.com
sirio@editorialsirio.com

I.S.B.N.: 978-84-19105-78-3
Depósito Legal: MA-549-2023

Impreso en Imagraf Impresores, S. A.
c/ Nabucco, 14 D - Pol. Alameda
29006 - Málaga

Impreso en España

Puedes seguirnos en Facebook, Twitter, YouTube e Instagram.

El papel utilizado para la impresión de este libro está **libre de cloro** elemental
(ECF) y su procedencia está certificada por una entidad independiente, no
gubernamental, que promueve la sostenibilidad de los bosques.

TARA AAL & ASWIN SUBRAMANYAN

ASTROLOGÍA
A LA LUZ DE LA
LUNA

Descubre la relación
entre las fases lunares y los planetas
para mejorar e iluminar tu vida

EDITORIAL
SIRIO

Dedicatoria

Dedicamos este libro a ti, el lector, y a la conciencia colectiva. Todas las creaciones, por muy personales que parezcan, son el resultado de nuestra interconexión. Os damos las gracias a todos vosotros como partes de nosotros mismos.

Índice

NOTA: Todos los sitios de Internet mencionados en esta obra estaban activos en el momento de la publicación. El editor no puede garantizar que una determinada dirección de Internet siga vigente.

Agradecimientos

POR PARTE DE ASWIN SUBRAMANYAN

Proveniente de un linaje familiar que se dedica a la astrología desde hace doscientos cincuenta años por lo menos, podría decir sin temor a equivocarme que mi vínculo con la astrología es, ante todo, de base genética. No fui yo quien encontró la astrología, sino que esta encontró la manera de entrar en mí a través de la sangre de mi línea materna, ya que la mayoría de los miembros de mi familia materna están expuestos a alguna modalidad de astrología y a algún método de adivinación. A partir del pilar que son mis conocimientos en astrología védica, también me interesé mucho por la astrología helenística y la medieval. La astrología evolutiva me llamó la atención gracias al libro *The Inner Sky* [El cielo interior], de Steven Forrest, y a unas conferencias maravillosas impartidas en el foro de Facebook Evolutionary Astrology (EA) Zoom Meetings ('encuentros por Zoom sobre astrología evolutiva'). Las ideas psicológicas y las charlas conmovedoras de algunos de los encuentros me inspiraron, y este fue uno de los foros en los que conocí el trabajo de mi querida amiga Tara Aal. Le estoy eternamente agradecido a Tara por tener fe en mí. Estoy muy contento de haber encontrado su trabajo en la maravillosa revista *Infinity Astrological Magazine*, publicada por Smiljana Gavrančić. Y aunque conocía los escritos de Tara (especialmente los centrados en el tarot) al menos un año antes de establecer contacto con ella, no pude adivinar que escribiríamos un libro juntos.

El corazón puro y la autenticidad de Tara me hicieron sentir extremadamente cómodo siendo yo mismo, lo cual es una de las principales razones del éxito de nuestro vínculo. Sin amor y respeto mutuo, no habríamos terminado este libro. Si bien no se trata de una obra descomunal, no nos resultó tan fácil de escribir como esperábamos. Nos encontramos con algunas dificultades personales que interrumpieron nuestro trabajo, pero regresamos fuertes para completar el libro de un tirón. Parece que estábamos destinados a trabajar juntos. Los tres días que Tara y yo pasamos en Nueva Delhi junto con su pareja, Darren, y mi familia definieron claramente el camino que iba a seguir en mi vida en los años siguientes, y estoy muy agradecido por nuestra amistad.

Le doy las gracias a Robert Wilkinson por tener múltiples conversaciones de tipo espiritual conmigo. Tiene mucho sentido para mí rememorarlas; poseen un significado profundo, lo que me ayuda a comprender algunas de las realidades más duras de la vida. Michelle Young es la única responsable de quien soy hoy en la comunidad. Ha sido una maestra amable, y si en la actualidad soy escritor ha sido sobre todo gracias a ella. Desde 2018, solo yo sé cuánto ha mejorado mi escritura gracias a Michelle, y le estoy muy agradecido.

Cuando contemplo la que ha sido mi vida como astrólogo durante treinta años, sé que no habría sido completa sin la presencia de Lars Panaro y Rok Koritnik. Son mis amigos y mis hermanos, con quienes aprendí y exploré los horizontes más profundos y amplios de la astrología tradicional tanto de Oriente como de Occidente. Conversaciones interminables en horas extrañas del día y de la noche me moldearon como astrólogo, y estoy profundamente agradecido de que mi camino se haya cruzado con el de ellos.

Doy las gracias a Tania Daniels por el impacto positivo que ha tenido en mis estudios astrológicos y valoro mucho su amistad. Admiro su generosidad y su actitud directa. Probablemente no sepa que la conversación que tuve con ella me motivó a solicitar participar como orador en la conferencia de 2020 de la Astrology Association (AA, 'asociación de astrología') de Londres. Tania es como una hermana mayor para mí, y estoy muy contento de que nuestros caminos se hayan cruzado.

Sharon Knight, además de ser un ser humano agradable, es una persona muy generosa. He aprendido sobre astrología de mucha gente, pero Sharon me enseñó a ser un astrólogo responsable. Lo que la convierte en una astróloga consumada de nuestro tiempo es su generosidad a la hora de ayudar a formar a la próxima generación de astrólogos talentosos, lo cual es bueno para toda la comunidad. Siempre ve el panorama general, de lo que aprendo muchísimo.

Anthony Louis me enseñó exhaustivamente las direcciones primarias* y mucho más. Cada conversación que tengo con él es absolutamente atractiva y fantástica, y constituye una experiencia de aprendizaje significativa. Nunca he tenido este tipo de conversaciones con ninguna otra persona, porque nunca tuve un profesor de astrología propiamente dicho. Le debo mi más profundo agradecimiento.

Doy las gracias a Martin Gansten, Frank Clifford, Chris Brennan, Benjamin Dykes, P. James Clark, Gary Lorentzen, Kieron Devlin, Steve Wolfson, Linda Johnson (EA Zoom Meetings) y Nadia Mierau por inspirarme de muchas maneras diferentes.

Quiero contar con la bendición de mi mentor, el señor Gurumurthy Iyer (mi abuelo materno), quien me inspiró a dedicarme a la astrología. Aprender de una persona que lleva unos sesenta años dedicada al tema es el mayor regalo para un *millennial* como yo, y espero no desaprovechar la oportunidad. Aunque no puedo igualar su genio, espero poder mantener la tradición y preservar

---

* N. del T.: Las direcciones primarias son una técnica predictiva utilizada en el campo de la astrología que se basa en el desplazamiento aparente de la bóveda celeste motivado por el movimiento de rotación de la Tierra.

el legado siguiendo sus huellas y pasando el relevo a la próxima generación.

Ojalá mi padre viviera para ver este día. Él es mi único referente y modelo en la vida, y estoy agradecido de haber tenido la oportunidad de vivir una experiencia humana junto a él como hijo. Le doy las gracias a mi madre, B. Buvaneswari, quien apoya desinteresadamente a la familia para asegurarse de que todos permanezcamos felices, especialmente después del fallecimiento repentino y prematuro de mi padre en 2013. Mis hermanas gemelas, Nandhini Subramanyan y Ranjani Subramanyan, están indisociablemente unidas a mi propia vida desde que nacieron. Nunca nos hemos dado las gracias por nada, porque las cosas son muy fáciles e informales entre los tres. Por último, pero no menos importante, doy las gracias a mi esposa, Niveditha, y a mi hijo, Guru, por aportar un sentido y un valor mayores a mi vida.

POR PARTE DE TARA AAL

Durante la última década he estado explorando cómo trabajar con la astrología de una forma con la que me pueda sentir identificada y que me permita utilizar de la mejor manera posible mis puntos fuertes y mis talentos. No espero que esta exploración termine nunca, pero este libro y mi colaboración con Aswin para elaborarlo han dado en el blanco. No siempre fue fácil; de hecho, durante algunos meses tanto Aswin como yo experimentamos fatiga y sufrimos una enfermedad prolongada, encontrándonos en partes del mundo muy alejadas entre sí. Tuvimos que tomarnos un descanso, aunque esto significase no cumplir con la fecha límite de publicación inicial, que él había determinado por medio de la astrología electiva.* En esos momentos, sintiéndonos un poco desanimados y confusos, nos preguntamos qué diría la Luna, y la respuesta fue, por supuesto, que nos cuidáramos y descansáramos. Como buenos hijos de la Luna, escuchamos este consejo y lo seguimos. Ese descanso y ese tiempo alejados de la pantalla del ordenador fueron muy importantes. No puedo imaginar haber escrito el resto del libro (los capítulos dedicados a Urano, Neptuno y Plutón en particular) sin haber experimentado un cambio de conciencia. Este cambio se produjo a través de un período de relajación, lectura, aprendizaje y... reconfiguración (he estado pensando en la palabra adecuada y esta ha sido la mejor que he encontrado). Yo misma soy mejor de resultas de ello, y el libro también es mejor de lo que habría sido de otro modo.

Gracias, Aswin, por hallarme en la comunidad astrológica y sugerirme que escribiésemos este libro. Desde ese momento, no pararon de producirse sincronías y serendipias. Admiro tu iniciativa, tu perspicacia, tu determinación y tu espíritu generoso. Es un honor cocrear contigo y ser tu amiga.

---

* N. del T.: La astrología electiva es una rama que se encuentra en la mayoría de las tradiciones astrológicas que se utiliza para elegir un momento favorable en el futuro en el que iniciar un proyecto en particular.

Envío mi más sincero agradecimiento a todos mis profesores, clientes y alumnos. Doy especialmente las gracias a Laura Nalbandian y Adam Gainsburg, cuya sabiduría, orientación, apoyo y ejemplo me han ayudado mucho a moldear mi práctica de la astrología y mi evolución como ser humano. Doy las gracias a Dane Rudhyar, Jeffrey Wolf Green, Steven Forrest, Mark Jones, Liz Greene, Howard Sasportas, Stephen Arroyo, Walter Jager, Jason Holley, Linda Johnson y EA Zoom Meetings, Smiljana Gavrančić y la *Infinity Astrological Magazine*, Sue Rose Minahan y Talk Cosmos, Lisa Wallace (Raven Bella Zingaro), Christina Caudill y Radiant Astrology, Lesley Francis y Jiddu Krishnamurti. Vuestro trabajo, vuestra presencia y vuestras contribuciones me han influido, inspirado y hecho crecer. Doy las gracias a Tess Sterling por ver mi potencial y ponerme a trabajar al comienzo de mi carrera metafísica, y a la comunidad Stargazers Bookstore por su amor y apoyo continuos. Gracias, Athena Perrakis, Dave Meizlik, Claire Gutschow y mi familia laboral en Sage Goddess, por vuestro apoyo y por tantas oportunidades de aprender, crecer y compartir. Y a Christopher Laubenthal, que me regaló mi primer libro de astrología en medio de unas circunstancias imprevistas, le doy las gracias por despertar esta parte de mí y alimentar estas llamas.

Estoy muy agradecida por mi amorosa familia: mi familia biológica y la de mi pareja, Darren, y mi «hija extra» (mi hijastra). He sido bendecida con la estabilidad, el cuidado y la bondad que aportáis. Os amo a todos y cada uno.

Gracias, Darren Morales, por una vida, un hogar y un corazón llenos de amor. Me empujas hasta mis límites y de alguna manera también eres la «pista» en la que aterrizo con suavidad. Constituir un «nosotros» contigo me hace ser mejor. Gracias por verme y amarme como soy y por permanecer ahí en todas las circunstancias.

A todos los que habéis formado parte de mi vida, gracias. A todas las personas con las que he tenido esas conversaciones íntimas, delicadas, que me cambiaron la vida, y con las que he compartido momentos mágicos, muchísimas gracias. Ya sabéis quiénes sois... Todos los días doy gracias por teneros en mi vida.

Y, finalmente, doy las gracias a todos los lectores de este libro, por hacer este viaje a la Luna con nosotros. Es un placer compartirlo contigo.

Descargo de responsabilidad

Este libro no pretende sustituir el consejo de tu médico o de tu profesional de la salud mental acreditado. Para que te diagnostiquen y traten cualquier afección física o mental, consulta con un profesional autorizado. La intención de los autores es ofrecer información de carácter general para apoyarte en tu búsqueda del bienestar emocional, físico y espiritual. El editor y los autores no son responsables de ninguna afección que pueda requerir supervisión profesional, y tampoco de cualquier daño o consecuencia negativa derivados de cualquier acción realizada por cualquier persona que lea, siga o aplique la información contenida en este libro.

Introducción

Todos estamos viviendo dos vidas a la vez, una en nuestro interior y otra en el mundo exterior. En este libro trabajamos con la Luna como el astro que aporta un significado más personal, como el símbolo de nuestra parte humana más instintiva y primitiva. La Luna que hay en cada uno de nosotros está vinculada con las emociones y es reactiva. Todos sabemos que el amor, la ira, los celos y la desesperación pueden provocar que hagamos cosas aparentemente disparatadas. En cierta manera, cuando somos presa de las emociones no somos racionales. Dedica un momento a sentir que esto es así. Siempre que trabajamos con la Luna, es muy importante sentir; de hecho, no hay otra forma de conectar con esta parte de nosotros mismos y entre nosotros. Y cuando queremos que alguien nos sienta, es su Luna lo que buscamos sin saberlo.

Si la Luna fuera una persona, sería aquella a la que le contaríamos nuestros problemas. En la vida diaria, tal como la conocemos, no todo y todos se preocupan por lo que nos pasa. Todos estamos buscando nuestro camino entre el mundo interior y unas emociones que sentimos muy reales, por una parte, y lo que sucede en un contexto más amplio, por otra. En este contexto más amplio nada es verdaderamente personal, por mucho que lo parezca.

CÓMO TRABAJAR CON ESTE LIBRO

Esta obra va sobre la Luna, y la Luna forma parte de la vida de la gente común y corriente, por lo que es para todo el mundo. La Luna nos influye a todos nosotros, tanto si prestamos atención a la astrología como si no. Es el cuerpo astronómico más cercano a la Tierra y su gravedad causa las mareas oceánicas y estabiliza la inclinación axial de nuestro planeta. Si no estuviera la Luna, la Tierra giraría sobre su costado y el clima y las estaciones serían significativamente diferentes. En muchos sentidos, la Luna nos mantiene en nuestra realidad actual, por no mencionar que alumbra nuestras noches y es, literalmente, nuestro primer escalón hacia el resto de este universo. Sabemos que el ciclo menstrual de la mujer se corresponde de forma natural con el ciclo lunar, y es insensato pensar que la Luna no nos afecta en otros ámbitos personales (pregúntale a cualquiera que trabaje en una sala de emergencias). Recuerda también la existencia de la palabra *lunático*...

La astrología relaciona los movimientos planetarios cósmicos con la vida en la Tierra y con la vida interior y exterior de los individuos. La Luna refleja nuestro yo más personal, más interior. Representa nuestra naturaleza emocional y nuestros hábitos, recuerdos, estados de ánimo, raíces, sensaciones y reacciones, así como nuestra historia y nuestra necesidad de comodidad, seguridad y pertenencia. En la carta natal, el signo y la casa en los que se encuentra la Luna muestran la mejor manera en que podemos cuidar de nosotros mismos y de los demás, lo que necesitamos para equilibrarnos emocionalmente y lo que hace que nuestro corazón esté feliz. Es una clave hacia una vida más tranquila en la que nos sintamos bien a diario.

En última instancia, este libro trata de la Luna en relación con los otros planetas* (nuestro yo más personal en relación con otras facetas de nosotros mismos), pero también incluye información detallada sobre la Luna y cada uno de los planetas. Esto hace que sea un muy buen material para los principiantes. También explica las ocho fases solilunares, las cuales solemos denominar *fases lunares*. Esta denominación no hace referencia a otra cosa que a la relación física que se produce entre la Luna y el Sol en el cielo, es decir, a la forma en que vemos que «se juntan» para dar lugar a la luna nueva y en que están en posiciones opuestas para dar lugar a la luna llena. Podemos aplicar estas fases a la relación que se produce entre dos cuerpos cualesquiera del sistema solar, por lo que puedes utilizar este libro para informarte sobre las fases lunares básicas

---

* N. del T.: En el ámbito de la astrología, la Luna es considerada un planeta. De hecho, *planeta secundario* es una denominación sinónima de *satélite*.

y para trabajar con la Luna en las distintas fases que presenta en relación con los otros planetas. A partir de ahí, puedes ir más allá y aplicar el concepto de las fases a cualquier relación que tenga lugar entre dos cuerpos celestes.

El trabajo con la Luna y las fases lunares es un enfoque potente porque nos ayuda a entrar más en contacto con nosotros mismos y con los ciclos de la naturaleza. La naturaleza tiene un ritmo, y nosotros también. Alinearnos con nuestro ritmo personal y a continuación sincronizarnos con la naturaleza hace que formemos parte del fluir. Cuando nos dejamos llevar por ese fluir, la vida es más fácil. Esto significa que dejamos de ser un obstáculo para nosotros mismos y que empezamos a trabajar *con* la energía que hay dentro y fuera de nosotros.

Una manera fácil de comenzar a hacer esto consiste en prestar atención a la fase lunar actual y obtener lo máximo de esta energía. Por ejemplo, la luna nueva supone el principio del ciclo lunar, por lo que es el mejor momento para iniciar algo nuevo y establecer nuevas intenciones. El final del ciclo lunar, la fase balsámica, es un período para soltar y dejar que lo viejo se vaya. Desde el punto de vista práctico, es un gran momento para depilarse con pinzas o con cera, pues los pelos salen más fácilmente. A continuación, puedes mirar en qué fase estaba la Luna cuando naciste. Activar conscientemente esta energía te ayudará a hacer mejor casi todo. Encontrarás más información sobre la fase de la Luna en el momento del nacimiento en el capítulo uno, dedicado a los ciclos y fases planetarios. En general, comprender la parte lunar que hay en nosotros y darle lo que necesita es una forma de amarnos que no solo es buena para nuestro bienestar psicológico, sino que también mejora nuestra vida diaria en el aspecto material. Todo empieza con uno mismo. Si quieres sacar más de ti, ¡vete a la Luna!

Este libro no aborda la presencia de la Luna en signos ni casas. Hay muchos recursos astrológicos gratuitos en línea con los que puedes aprender al respecto. Puedes buscar tu signo lunar y obtener información sobre él en Cafeastrology.com/whats-my-moon-sign. En este libro se tratan las fases lunares generales, pero puedes encontrar más información en estos recursos: Tarot.com/astrology/moon-phases y Cafeastrology.com/calendars/moonpha-sescalendar.*

La astrología es un lenguaje de la energía y todos experimentamos esta energía, tanto si sabemos de astrología como si no. Sencillamente, se utilizan palabras y conceptos para describir la energía. Cualquier persona puede leer sobre los ciclos y fases e identificarse con el desarrollo de cada etapa. Incluso si no sabes nada de astrología, esperamos que encuentres valiosos los próximos capítulos centrados en la Luna en relación con cada uno de los planetas tradicionales, más Plutón. Hay información sustancial sobre cada planeta y lo que representa en nosotros; se

---

* N. del T.: En Internet es fácil encontrar sitios en castellano que permiten averiguar cuál es el propio signo lunar y las implicaciones de haber nacido en ese signo. También hay abundantes recursos en castellano sobre las fases lunares en el contexto astrológico.

trata de información astrológica básica, más una exploración de las fases más avanzada. Proporcionamos algunas instrucciones elementales en el capítulo uno, pero si no te las sabes arreglar para calcular tus fases planetarias personales, tienes una buena excusa para pedirle ayuda a un astrólogo o para aprender un poco más por tu cuenta. Y no olvides que esto son símbolos solamente; tu verdadero maestro es tu experiencia. Si lo que lees y aprendes interfiere en tu experiencia en alguna ocasión, deja de lado la lectura y el aprendizaje momentáneamente (esta recomendación incluye este mismo libro).

UN APUNTE SOBRE LA ASTROLOGÍA EN LA HISTORIA DE LA HUMANIDAD

La astrología es posiblemente el mayor regalo que ha recibido la humanidad. Cuando el interés por ella empezó a decaer hacia finales del siglo XVII, hicieron falta grandes esfuerzos para hacer que volviese a tener un papel preponderante en la vida de los seres humanos en general. Aunque no tomó su forma original, algunas de las obras de autores influyentes como Dane Rudhyar, Marc Edmund Jones y Evangeline Adams cambiaron la forma en que la gente veía la astrología y comenzaron a dejar claro que es mucho más que las columnas del signo solar.

Los libros de Dane Rudhyar *Astrología de la personalidad* y *El ciclo de las lunaciones* sentaron las bases de lo que hoy en día se considera que es la astrología humanista, en la que los arquetipos tienen un gran papel a la hora de comprender el yo interior del ser humano. El libro *Sincronicidad*, de Carl Jung, influyó a autores posteriores, como Richard Tarnas, cuya obra *Cosmos y psique* fue revolucionaria.

Un factor en común en la mayoría de las modalidades psicológicas de la astrología es que hablan sobre los rasgos y la naturaleza característicos de los seres humanos, la forma en que nuestra psique es influida o reflejada por los tránsitos, las progresiones y los ciclos planetarios. La idea de los ciclos planetarios es tan vieja como la astrología misma si vemos los textos antiguos del Egipto helenístico, Persia y la India. Pero la comprensión de la naturaleza y la cualidad de la vida tanto en el ámbito interno como en el externo a través de los ciclos de la Luna en relación con cada uno de los planetas es un concepto nuevo y estimulante que merecía nuestros esfuerzos y que escribiésemos al respecto.

CÓMO SE HA HECHO ESTE LIBRO

Este libro es el resultado de una llamada y una bendición divinas. Es difícil explicarlo. En gran medida, pareció «ocurrir» casi por sí mismo; solo la escritura en sí no se produjo sola. Grabamos juntos un episodio de *Celestial Vibes* ('vibraciones celestiales') el 12 de agosto de 2018 (un día después del eclipse solar de luna nueva en Leo) que salió a la luz el 5 de septiembre de ese mismo año. Con ese *podcast* empezamos a hablar de la Luna, el corazón y la mente, lo cual nos condujo a escribir un artículo conjunto sobre la Luna y Mercurio, que acabó por convertirse en este libro. Estábamos destinados a trabajar juntos, y cuando nos encontramos en persona en marzo de 2019 en la Indian Institute of Oriental Heritage International Astrological Conference ('conferencia astrológica internacional del instituto indio de patrimonio oriental'), que se celebró en Nueva Delhi, nuestro destino quedó sellado. Ese viaje nos condujo a trabar una bella amistad, y poco después surgió la oportunidad de escribir este libro. ¡No pudimos hacer otra cosa que aceptarla!

© Darren Morales, DarrenMorales.com

Ambos practicamos unas modalidades de astrología diferentes: Aswin la védica con un trasfondo predictivo y Tara la modalidad occidental, basada en la astrología evolutiva. Un elemento que une la astrología védica y la evolutiva es la creencia en la reencarnación, pero este libro no constituye un intento de comparar o contrastar nuestras prácticas. En él exploramos juntos los ciclos de la naturaleza y examinamos cómo se manifiestan en nosotros, como seres humanos. Todos los contenidos de este libro se ofrecen como perspectivas o ideas que, en cualquier caso, deberás investigar por ti mismo. Los autores de esta obra somos dos astrólogos que llevamos relativamente poco tiempo ejerciendo esta profesión y este material no es el fruto de muchos años de investigaciones que hayamos llevado a cabo, no en esta vida por lo menos. Queríamos aplicar nuestro conocimiento, nuestras ideas y nuestras experiencias como astrólogos en ejercicio de una manera nueva que nos retase a crecer y que inspirase a otras personas a pensar de formas diferentes.

Elegimos la Luna como punto focal de este material porque representa el aspecto más personal de nosotros mismos en el campo de la astrología. Se la ve como el ego con sus necesidades y apegos y como el núcleo de lo que somos, que contiene nuestros recuerdos, nuestras emociones y nuestra humanidad. No es casualidad que la Luna tenga un papel prominente en la carta natal de ambos. Uno de nosotros nació en medio de una conjunción entre la Luna y Marte y el otro en medio de una conjunción entre la Luna y Júpiter, ¡una receta perfecta para un libro centrado en la Luna! Antes de decidirnos por el título *Astrología a la luz de la luna* habíamos tomado en consideración otro, «Liberar la Luna», como metáfora del hecho de que todos estamos liberando la luz de nuestro verdadero espíritu o nuestra esencia. En estas páginas verás algunas referencias al concepto de liberar la Luna. De la misma manera que la Luna refleja la luz del Sol, nosotros somos seres humanos que reflejamos la luz de nuestra alma. Acoger la Luna es acoger nuestra humanidad, y todos estamos aquí para hacer esto. Para escribir este libro hemos tenido que pensar de maneras nuevas y hemos tenido que unificar nuestros puntos de vista y nuestros estilos. En esta colaboración en la que Oriente se encuentra con Occidente, descubrimos que el mejor lugar de encuentro es el corazón. Esto es paradójico para un libro compuesto por palabras, pero es la verdad.

UNO

Ciclos y fases planetarios

La energía se solapa y se mezcla; es decir, siempre estamos viniendo de algo y yendo hacia algo. Y aunque podemos aprender sobre las cosas selectivamente, enfocándonos en su energía pura o esencia, la vida real suele estar llena de mezclas y contrastes. Percibimos inicios en los finales y finales en los inicios; ninguno de los dos existe sin el otro. Lo mismo es aplicable a la luz y la oscuridad: ¿cuál sería el significado de la luz si no existiese la oscuridad? Si no hubiera finales, ¿qué sería de los comienzos?

Todo esto es aplicable a los ciclos sinódicos planetarios, que no son más que la relación cambiante entre dos cuerpos que se están desplazando. La palabra *sinódico* tiene que ver con la conjunción entre planetas o cualesquiera cuerpos cósmicos. Un ciclo sinódico empieza en la conjunción y termina en la conjunción siguiente.

En este libro examinamos el ciclo sinódico de la Luna con cada uno de los planetas. Todos participamos en muchos ciclos tanto a escala colectiva como individual, todos los cuales acontecen al mismo tiempo. En las páginas siguientes examinamos un porcentaje de ciclos muy pequeño. Siempre sobrevienen muchos más sucesos, tienen lugar muchas más influencias, se producen muchas más alquimias. Como solemos decir, «nada acontece en un vacío». Nada está separado en realidad.

Los ciclos planetarios son muy significativos en la astrología mundana y la natal, y proporcionan un cuadro general de lo que tiene por ofrecer al mundo y su gente la relación específica entre dos planetas. Hoy en día, muchos astrólogos se sirven de los ciclos planetarios en la astrología natal de forma convincente para ofrecer a sus clientes una idea clara de las fases de crecimiento y desarrollo que están experimentando. Es habitual analizar la relación entre el Sol y la Luna en las cartas progresadas secundarias.[*] De la misma manera, los ciclos de los planetas natales con respecto a los planetas en tránsito exteriores o que se desplazan con mayor lentitud, como Saturno y Júpiter, son también muy importantes y relevantes para la comunidad astrológica.

---

[*] N. del T.: Las cartas progresadas, instrumentos que plasman las progresiones secundarias, pretenden reflejar cómo evolucionan nuestra vida interior, nuestras actitudes y nuestra personalidad a lo largo del tiempo. Para ello, se establece la ubicación de los distintos planetas considerando que cada año de vida es equivalente a un día más respecto a la fecha de nacimiento.

Desde el punto de vista astronómico, los ciclos tienen que ver con la velocidad de los movimientos planetarios. El impacto de un ciclo planetario dado varía a medida que el planeta que se desplaza con mayor rapidez atraviesa varias fases conformando varias relaciones geométricas y astronómicas con el planeta que se desplaza más despacio. El aspecto más fascinante son los distintos significados arquetípicos que experimentamos en el transcurso de los ciclos planetarios, en los que intervienen la posición de un planeta en un momento dado y la posición natal de otro planeta.

Como explica Richard Tarnas en *Cosmos and Psyche*, «si resulta que tanto el momento de un suceso vital en particular como su cualidad arquetípica se correlacionan con los tránsitos planetarios apropiados a través de las posiciones planetarias natales apropiadas, es más fácil evaluar las posibles implicaciones».[1]

La base de todas las fases planetarias es la relación de la Luna con el Sol, llamada *ciclo solilunar*, que empieza con la fase de la luna nueva y termina con la fase balsámica. Sean cuales sean los dos planetas o cuerpos cósmicos que se observen en un ciclo, el ciclo básico y el desarrollo de las fases son los mismos. Siempre hay un nuevo comienzo, un período de crecimiento, una plenitud o culminación, un período de mengua o decrecimiento y un final o cierre. Experimentamos este ciclo en todas las áreas de nuestra vida: en nuestro jardín o huerto, en nuestros proyectos, en nuestras relaciones y en la dinámica que es nuestra vida y nuestra muerte.

LA DETERMINACIÓN DE LAS FASES PLANETARIAS

Para determinar en qué fase se encuentran dos planetas, empezamos con el planeta que se desplaza con mayor lentitud y contamos por grados en el sentido contrario a las agujas del reloj, hasta llegar al segundo planeta. Ordenados desde el más rápido hasta el más lento, los planetas son la Luna, Mercurio, Venus, Marte, Júpiter, Saturno, Urano, Neptuno y Plutón. Hay opiniones divergentes en cuanto al lugar que ocupa el Sol en este orden. En su relación con la Luna, es el cuerpo que se mueve con mayor lentitud. Los grados que hay entre ambos revelan la fase.

Por ejemplo, calculemos una fase natal entre la Luna y Mercurio. Para empezar, tenemos que saber dónde se encuentra Mercurio (el más lento de los dos planetas) en la carta natal. Para simplificar, pongamos por caso que Mercurio está en el grado 1 de Géminis. A continuación tenemos que saber dónde se encuentra la Luna (el más rápido de los dos planetas). Pongamos por caso que está en el grado 1 de Libra. Cada signo contiene 30 grados, y hay cuatro signos de distancia entre Géminis (el tercer signo) y Libra (el séptimo signo); por lo tanto, el grado 1 de Géminis y el grado 1 de Libra están separados por 120 grados. Como podemos ver en el cuadro «Las fases de la Luna y sus energías», 120 grados es una cantidad que se ubica en la mitad creciente del ciclo, en la fase del primer cuarto.

Hay ocho fases en total, cada una de las cuales comprende 45 grados de los 360 que contiene el Zodíaco. Las primeras cuatro fases son las fases crecientes o hemiciclo creciente. El hemiciclo creciente está asociado con la *conciencia subjetiva*, es decir, con ver la vida desde una perspectiva personal. Miramos la vida a través de unas gafas que hacen que tendamos a ver el mundo según cómo nos hace sentir o lo que nos hace *a nosotros*. Las cuatro últimas fases son las fases decrecientes o hemiciclo decreciente. El hemiciclo decreciente está asociado con la *conciencia objetiva*, que es una perspectiva más amplia que toma en consideración lo que otras personas y la vida están haciendo por iniciativa propia.

Entre los capítulos dos y diez explicamos estas fases con una profundidad mucho mayor. Y si bien las funciones planetarias y la integración entre los planetas varían en cada capítulo, las ocho fases no experimentan cambios. Las fases se repiten escrupulosamente, y si sigues leyendo hasta el final, te sumergirás plenamente en ellas.

LAS FASES DE LA LUNA Y SUS ENERGÍAS

FASE	ENERGÍAS
1. Fase nueva / Hemiciclo creciente / 0 a 45 grados	Surgimiento. Inicio de un nuevo ciclo o marco de experiencia. Instinto, espontaneidad, impulsividad. Lanzarse adelante con ninguna o poca luz externa como guía. Impulso de experimentar e iniciar. Libertad para intentar, probar.
2. Fase creciente / Hemiciclo creciente / 45 a 90 grados	Expansión. Dificultad para dar y para reconocer el valor, el significado y el propósito. Lo viejo desafía lo nuevo. Esfuerzo intenso para abandonar viejos patrones. Determinación, agotamiento, dirección. Manifestación de lo que se inició en la fase anterior.
3. Primer cuarto / Hemiciclo creciente / 90 a 135 grados	Acción. Actividad enérgica sin mucha previsión. Probar para ver lo que funciona. Recibimos directamente las consecuencias de nuestros actos. Subjetividad; puede ser que no nos responsabilicemos de los resultados de lo que hemos hecho. Empezar a ejecutar lo planeado.
4. Fase gibosa / Hemiciclo creciente / 135 a 180 grados	Superar dificultades. Autoanálisis que conduce a la superación personal. Posibilidad de tener o fomentar cambios de percepción. Actividad mental fuerte y lucha para soltar la crítica. Desarrollo de técnicas y herramientas. Tomar distancia para adaptar, mejorar, perfeccionar y afinar.

FASE	ENERGÍAS
5. Fase llena / Hemiciclo decreciente / 180 a 225 grados	Plenitud, compleción, fructificación. Culminación o la incapacidad de seguir adelante. Aprendizaje a través del espejo; podemos proyectar en los demás. Acento en lo social, lo intelectual y las relaciones. Los resultados de la totalidad del ciclo creciente son visibles. Reconocer y aprender qué hacer con los resultados.
6. Fase diseminada / Hemiciclo decreciente / 225 a 270 grados	Manifestación: mostrar lo aprendido y utilizarlo. Trabajar dentro de las reglas y la estructura de la sociedad. Compartir conocimientos y sabiduría. Hacer que los resultados sean útiles y significativos para la sociedad. Las respuestas condicionadas se rompen. Se alcanza el punto máximo de crecimiento y se reconoce.
7. Último cuarto / Hemiciclo decreciente / 270 a 315 grados	Reorientación. El yo en el contexto del mayor bien. Apogeo de la identidad propia y la individuación. Aceptar la responsabilidad por los actos y comprender las consecuencias. Ideas, comprensiones, innovación, liberarse del pasado. Último esfuerzo para alcanzar un objetivo.
8. Fase balsámica / Hemiciclo decreciente / 315 a 360 grados	Soltar. Fase de cierre: se consigue el fin o se muere. Sensación de destino social e impulso de sacrificarse. Desacelerar, retraerse, retroceder, desvanecerse, disolverse. Soltar el pasado y rendirse a lo desconocido. Prepararse para producir la semilla que dará lugar al nuevo ciclo.

LA APLICACIÓN DE LAS FASES PLANETARIAS EN LA PRÁCTICA

Cualquier configuración significativa que haya en la carta natal indica una manifestación o condición en particular tanto de formas tangibles como intangibles. Una manifestación tangible es un suceso de la vida. Una manifestación intangible es un sentimiento que surge debido a una configuración específica que prevalece en el individuo. ¿Cómo y cuándo se manifiestan estas configuraciones en la carta natal? Un astrólogo moderno se fijaría en los tránsitos y progresiones, mientras que un astrólogo tradicional usaría las técnicas predictivas de los señores del tiempo junto con algunas otras técnicas de predicción tradicionales. En cualquiera de los casos, hay que activar de alguna manera la configuración de la carta natal.

Robert Hand dijo en una ocasión[2] que el tránsito más destacado se siente primero en el corazón, en un nivel interior.* Por ejemplo, una oposición entre Marte y Saturno probablemente nos dejaría sin ninguna energía y nos pondría en algunas situaciones incómodas. No estamos determinando que esto sea positivo o negativo; solo estamos diciendo que es algo que ocurre. En cuanto a los

---

* N. de los A: En el *podcast* especificado en la nota 2 (ver el apartado «Referencias», al final del libro), Robert Hand habló de lo que opinaba sobre los tránsitos astrológicos, y lo que dijo tuvo mucho sentido para nosotros. Los tránsitos no siempre se perciben en el ámbito externo; la mayoría de las veces los sentimos internamente. Esto es aplicable, probablemente, a todos los tránsitos que se producen en el cielo.

tránsitos y el trabajo con las fases, hay que identificar un planeta como constante y la Luna como variable.

Pongamos un ejemplo sirviéndonos de Marte. Si Marte está en Capricornio, el ciclo empieza cuando la Luna está en conjunción con Marte en Capricornio. La Luna se desplazará con rapidez de un signo al siguiente y su avance a través de los signos la hará pasar por las distintas fases (nueva, creciente, primer cuarto, gibosa, llena, diseminada, último cuarto y balsámica). Cada fase del tránsito tendrá un determinado efecto psicológico en el individuo en un nivel interior, que puede ir desde una influencia mínima hasta un gran impacto. (Para tener más información al respecto, deberíamos estudiar algunos otros factores).

Las fases se expresan de manera similar en la carta natal y en la carta progresada secundaria; varían los períodos temporales. Un individuo en quien la conjunción entre la Luna y Júpiter se exprese como la fase nueva en la carta natal manifestará las cualidades y el carácter de esta conjunción a lo largo de su vida. En cambio, en las personas que no presentan esta conjunción en su carta natal, cuando su Luna progresada se encuentra con el Júpiter natal, da inicio a una nueva fase que incluirá todas las cualidades de la conjunción natal entre la Luna y Júpiter. Aunque estos individuos no presenten estas cualidades desde su nacimiento, las recogen y activan a medida que avanzan por las fases durante la progresión. El hecho de utilizar esta técnica en las progresiones permite obtener una información determinante sobre el desarrollo de la persona a medida que evoluciona.*

---

* N. del T.: Se pueden encontrar sitios en Internet que generan automáticamente tanto la carta natal como la carta progresada correspondiente a cualquier fecha que se indique. Como estas cartas contienen los grados y la ubicación de los distintos planetas en ellos, es fácil averiguar qué fase conformó la Luna con cada planeta en el nacimiento o, en el caso de las cartas progresadas, qué fase conformó la Luna con cualquier planeta en cualquier momento dado. Solo conviene tener en cuenta, como indican los autores, que en la carta progresada hay que observar la posición de la Luna solamente, porque para la del otro planeta hay que acudir a la carta natal. Observa también que en las cartas astrales los signos avanzan en el sentido contrario a las agujas del reloj; de ahí que, como señalan los autores en el apartado «La determinación de las fases planetarias», hay que contar los grados de separación en el sentido contrario a las agujas del reloj, partiendo del planeta que se quiera examinar hasta llegar a la posición en la que se encuentra la Luna.

DOS

La Luna y el Sol: conectar la conciencia lunar con la conciencia solar

A menudo nos preguntamos quiénes somos o cuál es nuestro propósito. A nuestra mente inferior le encantan las respuestas, y que vengan en un paquete atado con un bonito lazo. Aunque podemos responder estas preguntas hasta cierto punto y tenemos herramientas como la astrología que nos ayudan a profundizar y obtener mayores comprensiones, nunca habrá nada que pueda sustituir a la experiencia. Solo viviendo descubrimos más acerca de quiénes somos y del camino del *dharma* que nos corresponde. Las respuestas no tienen que llegarnos por medio de una lectura, una sesión de asesoramiento o alguna tipología. No decimos esto para que nadie desista de realizar este tipo de consultas, que pueden ser reveladoras, útiles, sanadoras y empoderadoras. El problema es basarse solamente en fuentes externas para determinar cómo es uno o lo que debería hacer.

El Sol y la Luna representan nuestra luz y la forma personal en que brillamos. Cuando hablamos de brillar, no queremos indicar ningún tipo de lucimiento personal, sino que nuestra propia energía emite una frecuencia que interactúa con toda la creación como ninguna otra cosa o ningún otro ser. Esta energía, que es un tipo de luz, irradia en nuestro interior y hacia fuera. Puede iluminar la oscuridad, calentar lo frío y sanar con su sola emanación. Hay personas, animales, plantas y seres de todas las clases que se benefician de que existas como energía. Incluso cuando no estás haciendo nada, tu presencia en este planeta y en el universo contribuye al bienestar de todo.

Cuando vives tu Sol y tu Luna tan plenamente como puedes, irradiando tu yo más genuino, cada célula de tu cuerpo sintoniza con la vibración. Tal vez no se te ocurran palabras con las que describir esta energía tuya, pero la sientes; eres ella. Cuanto más te permites expresarte de manera natural, siguiendo tu corazón y comprometiéndote con la integridad de tu autenticidad, más fuerte se vuelve tu frecuencia. Como humanos, nunca albergaremos completamente nuestra energía; hacerlo nos convertiría en pura luz. Estamos aquí para brillar a través de la carne y la piel, pero podemos contener e irradiar más de nosotros mismos, mucho más de lo que contienen e irradian la mayoría de las personas. La mayor contribución que podemos realizar y la mejor llamada que podemos responder es ser nosotros mismos y expresarlo. Se trata de un proceso que está en marcha; a veces está oculto, a veces se revela y siempre está cambiando..., como nuestro Sol y nuestra Luna.

LA RELACIÓN ENTRE LA LUNA Y EL SOL

El ciclo de la lunación es el baile entre el Sol y la Luna, conocido como *fases solilunares*. El misterio de las fases y las caras cambiantes de la Luna tiene un halo romántico en todo el mundo. Miramos al cielo y exclamamos que la Luna está hermosa y brillante, pero ella no está haciendo nada al respecto. Raras veces nos detenemos a considerar el papel que tiene el Sol en la iluminación del cielo nocturno, pero aquí sí lo estamos haciendo, porque en el terreno de la astrología todo tiene que ver con las relaciones. Lo que vemos cuando hablamos de luna menguante, creciente o llena es la relación entre el Sol y la Luna. El Sol, que es la estrella de nuestro sistema solar, genera luz y la Luna la refleja. Es una relación mágica y hermosa, tanto desde el punto de vista astronómico como metafísico.

No podemos mirar directamente el Sol sin perjudicar nuestra vista, pero podemos mirar su luz en el espejo que es la Luna. La luz de la Luna *es* la luz del Sol; estos astros luminosos representan de forma muy literal el yin y el yang o, lo que es lo mismo, la polaridad. Metafóricamente hablando, cada mes, en la conjunción entre el Sol y la Luna o luna nueva, el Sol infunde su energía vital a la Luna, que la absorbe y nos la manda a nosotros, a la Tierra. La Luna hace que la fuerza vital del Sol sea digerible, de tal manera que podamos recibirla en nuestra forma humana. (El Sol es tan poderoso que acabaría con nuestros circuitos si no hubiese un filtro). El carácter de esta energía cambia cada mes, a medida que el Sol y la Luna van entrando en los distintos signos del Zodíaco. Cada año recibimos el espectro total de la energía solar, desde Aries hasta Piscis, a través del cuerpo de la Luna. Este solo hecho es razón suficiente para que la llamemos «Madre», pero el género no es relevante. Lo importante es que la Luna es nuestro recipiente vital energético. Esto también es cierto en tu interior, en la relación que hay entre tu Sol personal, tu Luna personal y la fase solilunar.

En su profundo libro *El ciclo de las lunaciones*, Dane Rudhyar subraya que la lunación correspondiente a nuestro día de nacimiento (la fase solilunar en la que nacimos) es tan importante como nuestro Sol, nuestra Luna o los signos ascendentes.[3] Explica que el Sol determina nuestro propósito arquetípico básico y que la fase solilunar determina cómo lo interpretamos y cómo lo vivimos. Por lo tanto, el Sol más la Luna establecen cómo manifestamos nuestro sentido de propósito en nuestra vida. La mayoría de nosotros no vamos corriendo por ahí diciendo

«¡soy una fase de luna nueva!»,* pero tal vez deberíamos hacerlo. Nos da una clave sobre la manera en que se supone que debemos hacer lo que hemos venido a hacer a este planeta.

EL SOL, GENERADOR DE LUZ

El Sol es una estrella, y decir esto ya es, en sí, una declaración fuerte. No orbita alrededor de nada, y las estrellas se mantienen cohesionadas por su propia gravedad. Hay muchas escuelas de astrología y muchas formas de practicarla, pero la mayoría estamos de acuerdo en que el Sol simboliza el propósito central de la vida de la persona, de la misma manera que constituye el centro de nuestro sistema solar. El signo en el que se encuentra tu Sol natal muestra cuál es la energía que no debes dejar de generar e irradiar para permanecer sano, motivado y feliz. El Sol se corresponde con nuestro lado intelectual, es decir, la parte de nosotros que trabaja con la lógica, la razón y la linealidad. Quiere que seamos algo y que lleguemos a alguna parte, y hace que estos ideales permanezcan cerca de nuestro corazón. El Sol también representa la integración, pues entreteje todos los otros elementos de la carta natal. El Sol que hay en ti quiere que te sientas orgulloso y tiene algo especial que aportar al mundo.

---

* N. del T.: Igual que decimos, por ejemplo, «¡soy capricornio!».

Las estrellas son esencialmente bolas de gas que están explotando y producen energía, lo cual hace que estén muy calientes. La temperatura de nuestro Sol es de unos 5.500 °C, y hay estrellas en las que es muy superior. Por otra parte, los científicos han demostrado que estamos hechos de polvo de estrellas, por lo que no debe sorprender que el signo solar sea la estrella de la astrología. El Sol es energía vital, como el tipo de combustible que le echamos a nuestro vehículo. Si el depósito está vacío no iremos a ninguna parte, y llenarlo con el combustible inapropiado para nuestro motor tampoco servirá de nada. Si no vivimos obedeciendo la llamada de nuestro Sol, perdemos nuestra luz y acabamos por quemarnos. El Sol representa nuestro viaje del héroe, nuestro mito personal. Si tu héroe es sagitario, necesitarás unas experiencias y unos retos diferentes que un héroe cáncer, pero la búsqueda es básicamente la misma. Todos nos encontramos en un viaje de autodescubrimiento, y el Sol tiene el papel principal. El Sol da vida a quienes somos y lo que somos. Nuestro Sol es nuestro prana, nuestra fuerza vital, nuestro espíritu. Según el estoicismo, el propósito de nuestra vida es cultivar la chispa divina interior y realizar nuestra propia naturaleza. De la misma manera que el Sol brilla en el cielo, cumpliendo así exactamente el propósito para el que fue creado, nosotros solo tenemos que ser quienes somos, puros y simples. Todos somos soles en proceso, como individuos y colectivamente.

LOS CICLOS DE LA LUNA Y EL SOL

El Sol representa nuestra conciencia solar o yo diurno. Cuando establecemos metas y trabajamos para realizar nuestro potencial, nos encontramos en el dominio del Sol. La Luna representa nuestra conciencia lunar o yo nocturno. Pertenece al ámbito de la Luna el mundo interior de sentimientos, sueños y misterios. Juntos, los dos ámbitos combinan lo interior y lo exterior, el corazón y el intelecto. Un ser humano completo es a la vez día y noche, luz y oscuridad. A lo largo de este libro hablamos de la Luna como vinculada al corazón y manifestamos que nada puede detenernos cuando nuestro corazón desea algo de veras. Esta es la cuestión con el Sol y la Luna. Incluso si tu yo solar puede ver el gran propósito de tu existencia y cómo alcanzarlo paso a paso, si tu corazón no se implica, este propósito estará ahí como una idea y nunca se materializará en el ámbito terrestre. Necesitamos a la Luna como creadora y guardiana de la carne y la sangre para mantener el espíritu en el cuerpo y nutrir su crecimiento desde el amanecer hasta el ocaso, desde el nacimiento hasta la muerte.

Trabajar con la fase solilunar natal es una forma potente de reconectar con la estrategia de crecimiento que más nos funciona. Siempre que sepas qué es lo que quieres o necesitas hacer, sea lo que sea, la energía de tu fase solilunar expresa cuál es la mejor manera en que puedes hacerlo. Si naciste en la fase del primer cuarto (cuarto creciente), necesitas hacer pruebas y aprender cómo funcionan las cosas haciéndolas. Tienes que ir a por ello. También puedes trabajar con las fases solilunares en las progresiones secundarias. La fase en que se encuentran tu Luna y tu Sol progresados puede ayudarte a comprender en qué punto te hallas en el ciclo actual de realización de tu potencial. Como ocurre con todo, tanto en la astrología como en la vida, el hecho de trabajar conscientemente *con* la energía expande el potencial y transforma los obstáculos en oportunidades.

CONECTAR LA CONCIENCIA LUNAR CON LA CONCIENCIA SOLAR

Al tratar sobre la relación que mantienen la Luna y el Sol, estamos explorando una relación que es diferente de la que tiene la Luna con los otros planetas. El Sol y la Luna no son planetas en sentido estricto, y por lo tanto no son agentes libres como Mercurio, Venus, Marte, Júpiter, Saturno, Urano, Neptuno y Plutón. El Sol y la Luna son un equipo. Más que eso: son una unión sagrada, un matrimonio de energías. Son las luces; una interior, la otra exterior. El Sol da luz, y por lo tanto afirma. La Luna toma la luz y la refleja, y por lo tanto recibe. La integración entre el dar y el recibir luz y energía es lo que da lugar a la vida. Juntos, el Sol y la Luna muestran que estamos programados de forma innata para crearnos y recibirnos a nosotros mismos y para crear y recibir todo lo que nos rodea.

Si tienes el Sol en Tauro, estás generando una energía estable, abundante y resistente. Te estás creando a ti mismo a través de los misterios de Tauro. Lo que sacas de ti es Tauro. Si tienes la Luna en Cáncer, la energía hermosa, conectada a tierra y creciente de Tauro es recibida por el bondadoso, cariñoso y sanador Cáncer. La Luna tiene, por naturaleza, una función de apoyo, y cuando manifestamos la Luna para nuestro propio Sol, tanto el día como la noche que hay en nuestro interior salen ganando. Y, finalmente, si tu fase solilunar es creciente, lidias con la vida manejándote con la tensión entre lo viejo y lo nuevo. Estás construyendo una base para lo que ha de venir. La expansión es tu tema, y no te resulta fácil. Tienes que dar continuidad a lo que has empezado, plasmarlo.

A veces, las formas en que utilizamos nuestra energía en el mundo exterior acaba con nuestros recursos internos. Otras veces, la obsesión con nuestro mundo interior hace que no nos quede nada de energía para compartir con nadie ni con nada externo. Todos tenemos la sensación de que estamos destinados a algo grande (si bien podemos haberla sofocado o reprimido) y tenemos el deseo de seguir este impulso. A la vez, todos necesitamos sentirnos seguros en casa, con personas que nos quieran. Todos anhelamos seguir nuestro propio camino y ser parte de la familia. Esta dualidad, la marcha y el regreso, es la dinámica de la evolución del alma. En su mayor expresión, el Sol y la Luna son de forma constante la inhalación de nuestro mayor potencial y la exhalación en la que soltamos lo que es y siempre ha sido. Somos ambos aspectos, y el Sol y la Luna nos muestran la forma en que hemos elegido experimentarlos en esta vida. Nos permiten percibir conscientemente que somos espíritu dentro de materia y dejar nuestra marca en este cuerpo mortal.

LAS FASES DE LA LUNA Y EL SOL

FASE NUEVA (ENTRE 0 Y 45 GRADOS DE DISTANCIA) Y LA NUEVA CONJUNCIÓN

Las personas nacidas durante la fase nueva solilunar están iniciando, o han empezado hace poco, un nuevo ciclo evolutivo en lo que respecta a vivir su propósito. También podemos verlo como el principio de una nueva forma de vivir. Se está desplegando un marco de experiencia completamente nuevo, y no hay otra manera de comenzar algo nuevo que dar el primer salto. En el cielo tenemos la luna nueva, en el momento en que la Luna y el Sol se han juntado, o poco después, lo cual supone el inicio del ciclo lunar mensual. La Luna está oscura o solo se ve una franja delgada de ella en el cielo, pero acaba de impregnarse de la luz del Sol e irá soltando esta energía a lo largo de las fases siguientes, hasta que vuelva a encontrarse con el Sol. Los individuos que están bajo esta influencia necesitan ser espontáneos en la vida. Están aprendiendo a confiar en su instinto y a ver adónde los lleva. Al haber muy poca luz exterior que pueda guiarlos, su brújula es su conocimiento interior, y cuando lo reconocen y se guían por él, se producen muchas sincronías y serendipias. De la misma manera que a una criatura de dos años no le interesan las opiniones de los demás, a las personas que se inscriben en la fase nueva les va mejor si están «en el asiento del conductor» como actitud general ante la vida. Necesitan autenticidad y autonomía.

Tradicionalmente formulamos intenciones durante la luna nueva porque esta representa el potencial infinito y la chispa creativa que enciende nuestros deseos. Con su cualidad de tipo Arien,* la fase nueva contiene la vibración del guerrero: la lucha por existir y permanecer vivo, es decir, por iniciar un nuevo capítulo en el libro de la vida y mantenerlo, para que pueda desarrollarse hasta alcanzar su máxima expresión. Se necesita la fuerza del carnero de Aries para pasar a la siguiente fase, como cuando las plantas primaverales brotan a través de la tierra congelada para llegar a la luz del día. El surgimiento requiere una cantidad de energía tremenda, y los individuos expuestos a esta fase suelen tener una vitalidad ardiente. Pueden ser inquietos, impulsivos y reactivos. Esta es su naturaleza. El impulso de experimentar la vida y experimentarse a uno mismo es fuerte: una nueva vida llama, e ignorar la llamada conlleva depresión, ira y aburrimiento. La única manera de ir adelante es emprender la acción, incluso cuando hacerlo pueda resultar aterrador. Los miedos asociados a no saber

---

* N. del T.: Arien es un personaje del libro *El Silmarillion*, del escritor británico J. R. R. Tolkien. Conocida como «la Dama del Sol», es un espíritu de fuego poderoso, conductora de Anar (el Sol, en la mitología de Tolkien).

adónde ir o lo que ocurrirá son habituales, pero aporta alivio el hecho de afirmar que la fase nueva es nueva. No se supone que las personas sujetas a esta fase tengan que tenerlo todo claro. Necesitan libertad para probar, soltarse y volar hacia delante sin preocuparse por el resultado final. Todo lo que sabemos con seguridad en este punto es que el verdadero peligro es no lanzarse, porque todo el futuro depende de que se empiece a participar en el juego ahora.

FASE CRECIENTE (ENTRE 45 Y 90 GRADOS DE DISTANCIA)

La Luna se ha alejado lo suficiente del Sol en la fase creciente como para que la luz en el cielo haya aumentado de manera sustancial; en los últimos grados, estamos cerca de tener la mitad de la Luna iluminada. Lo que se inició en la fase nueva está listo para ser expandido, lo cual requiere estabilidad, conexión a tierra y determinación. Las personas nacidas en esta fase trabajan duro para hacer algo con su vida. Se han superado los inciertos inicios, pero el nuevo camino no está establecido con firmeza. Si hacemos una analogía con un caballo salvaje, lo habríamos atrapado y metido en el corral, pero no lo habríamos sometido para poder cabalgarlo. Si pudiese, escaparía y regresaría al entorno silvestre. Las personas expuestas a esta fase están afrontando los patrones y las maneras de hacer del pasado y están luchando para permanecer en el nuevo camino y seguir adelante. Con su aroma a Tauro, la fase solilunar creciente plantea el reto de reconocer el valor que tiene una nueva manera de vivir. Estos individuos viven su propósito dando pasos firmes hacia sus objetivos y demostrando su valía. Su concentración y su resistencia son casi imposibles de quebrantar cuando pueden ver los resultados de sus esfuerzos.

Asentar algo puede resultar agotador, y la fase solilunar creciente implica el inicio de la construcción como ninguna otra. Aunque no se trate de un proyecto de tipo material, desde el punto de vista energético y emocional es como si se estuviese realizando un trabajo manual. Es fácil quedar atascado, sobre todo cuando cada paso requiere mucho tiempo y todo empieza a parecer inútil. En estos momentos, las personas influidas por esta fase tienen que valorar sus progresos más que nunca. Es fácil ver una casa y admirar su bella arquitectura sin dedicar ni un solo pensamiento a sus cimientos. Pero nada permanecería en pie sin los cimientos. De la misma manera, un árbol depende de que sus raíces lo anclen a la tierra para no caerse. Nos apresuramos a ignorar lo que no vemos, pero lo que no se ve es casi siempre el componente vital. Las personas expuestas a esta fase tienen que cultivar una autoestima profunda e imperturbable y apostar plenamente por sí mismas. Pueden y necesitan sostenerse y autoconstruirse. Esta es una fase de incorporación y acogida. La energía bruta, de tipo espíritu libre, de la anterior fase nueva necesita ser contenida y definida para poder convertirse en algo utilizable y sostenible. La fase solilunar creciente implica el honor de contener, apoyar y asegurar aquello significativo. Los individuos nacidos en esta fase tienen que invertir su tiempo, sus recursos y su corazón en lo que realmente vale la pena.

FASE DEL PRIMER CUARTO (ENTRE 90 Y 135 GRADOS DE DISTANCIA)

La fase solilunar del primer cuarto es dinámica y generativa, como Leo, su signo asociado. La luna creciente está medio llena por lo menos y es fácil de ver en el cielo. Esta fase empieza con la cuadratura del primer cuarto, y las cuadraturas siempre implican un reto. En el contexto del trabajo con la Luna y el Sol, este reto es muy personal; incluye tanto las necesidades emocionales particulares como el sentido de identidad y propósito en el mundo. El yo privado y el público tienen la oportunidad de integrarse de una manera nueva. Las personas sujetas a esta fase tienen el impulso de emprender la acción y mostrar lo que tienen por ofrecer. Necesitan dar lo mejor de sí mismas y obtener una retroalimentación inmediata. En sí, este no es un enfoque reflexivo ni práctico, pero siempre se deben tomar en consideración los otros aspectos de la carta astral. En esta fase, la base de la acción son los momentos apasionados. Toda acción que no se realice de todo corazón parece vacía. Por supuesto, hay ocasiones en que la acción así emprendida no obtiene los resultados esperados; entonces, la mejor estrategia es ser objetivo y corregir el rumbo..., lo cual es algo que las personas expuestas a esta fase están en vías de aprender.

Todo lo que tiene que ver con Leo tiende a tener una mala reputación, y vale la pena que nos detengamos en ello un momento. Si nos paramos a considerar la motivación de este signo y aquello por lo que debe pasar para evolucionar, será menos probable que juzguemos los comportamientos externos, incluso si son insoportablemente egocéntricos. Las personas leo y las que se inscriben en las fases del primer cuarto necesitan que las vean, y no basta con que se muestren; tienen que exponerse, con todas las consecuencias. Si alguna vez has tenido que hablar en un evento significativo, como un banquete de boda o un servicio conmemorativo, o has interpretado un talento delante de un público, sabrás de lo que estamos hablando. Es aterrador, y a la mayoría nos preocupa cómo lo hacemos y si eso es del agrado de los presentes. Para las personas sujetas a la fase solilunar del primer cuarto, exponer sus talentos, sus creaciones y lo que albergan en el corazón es cumplir su propósito en la vida. En el lado negativo, puede ser que rechacen responsabilizarse de sus actos y culpen a los demás, o que se apeguen demasiado a la aprobación y el aplauso. Lo bello de esta fase es la presencia de una energía vibrante y creativa que no puede sino expresar emoción. Los individuos que se inscriben en esta fase no son la estrella de todos los espectáculos, pero nos divierten y entretienen y nos inspiran a compartir nuestra propia creatividad. Su entusiasmo infantil es contagioso y nos ayuda a brillar.

FASE GIBOSA (ENTRE 135 Y 180 GRADOS DE DISTANCIA)

La fase solilunar gibosa es la última de las fases crecientes. Cuando vemos las fases como un desarrollo en el tiempo, esta es determinante, porque es como un ensayo general. Todas las personas nacidas en esta fase tienen el plan de ponerse serias y hacer lo correcto, sean conscientes de ello o no. En el cielo, la Luna está casi llena y se tiene la sensación maravillada de que algo mágico está a punto de revelarse. Pero todavía no. Esta es la última llamada a cambiar la forma o la estructura de aquello que se ha estado construyendo desde la fase nueva. La fase gibosa es de crisis a través del autoanálisis; la persona cuestiona su propósito y la capacidad que tiene de vivirlo y de hacerlo lo suficientemente bien. Los nacidos en esta fase no tienen una relación fácil consigo mismos; les cuesta perdonarse determinadas acciones previas o su inacción. Para vivir su propósito de la mejor manera, tienen que mejorar lo que puedan y poner su energía en aquello que sea útil y tenga un impacto real.

Los individuos expuestos a esta fase suelen culparse a sí mismos por cualquier fallo y asumen culpas con las que no les corresponde cargar. Sí, es importante que demos lo mejor de nosotros mismos y mejoremos las cosas cuando es posible hacerlo, pero a veces no podemos hacer más. Hacerlo lo mejor posible es todo lo que podemos hacer, y con esto basta. Puesto que estas personas acaban por comprenderse mejor, comprenden también mejor los aspectos humanos y los sentimientos de insuficiencia

La Luna y el Sol: conectar la conciencia lunar con la conciencia solar

que experimentamos todos. Con esta cualidad propia de Virgo, la fase gibosa contiene el potencial de mejorar en todos los niveles: el mental, el corporal y el espiritual. Algunos que se inscriben en esta fase optan por dedicarse a la sanación, y pueden tener mucho éxito a la hora de crear e implementar una diversidad de herramientas y técnicas para una amplia variedad de propósitos. El anhelo de perfección puede ser obsesivo y el hecho de encontrar problemas todo el rato también, lo cual es, evidentemente, problemático. Pero en dosis saludables, esto motiva a la persona a pulirse, prepararse y perfeccionar lo que ha estado construyendo para la siguiente fase llena, que supone la culminación de todos los esfuerzos realizados desde el principio, marcado por la fase nueva.

FASE LLENA (ENTRE 180 Y 225 GRADOS DE DISTANCIA) Y LA OPOSICIÓN

En la fase llena solilunar, el tamaño y el brillo de la Luna alcanzan su punto máximo, lo cual simboliza la iluminación, la conciencia y la plenitud. La fase llena empieza cuando la Luna se encuentra a 180 grados de distancia del Sol, momento en que refleja la máxima cantidad de luz procedente de este. La Luna ha alcanzado los límites de su completitud y ahora empieza el ciclo decreciente o menguante. Las personas sujetas a la fase llena han llegado a un estado de culminación en el desarrollo de algo en el viaje que es vivir su propósito en la vida. Han lanzado algo, o una versión de sí mismas, al mundo y ahora está ahí fuera.

59

Es hora de verlo desde una perspectiva clara y amplia y darle una utilidad significativa. Siempre existe la posibilidad de que el resultado de los esfuerzos (es decir, todo aquello que se ha desarrollado a lo largo de la primera mitad del ciclo) no sea tan significativo como habría podido ser. Las intenciones no dan frutos siempre, y en estos casos lo que corresponderá hacer durante el resto del ciclo decreciente será aprender, aceptar y soltar. De cualquier manera, la palabra *llena* implica capacidad, y la persona no podrá seguir dentro del mismo contenedor evolutivo. Es como graduarse de un programa: cuando nos graduamos, esos meses o años de formación han terminado. Lo que hagamos con eso a partir de ahí depende de nosotros.

La luna llena ha tenido un componente legendario a lo largo del tiempo y en muchas culturas. La asociamos con lo romántico, la magia y la locura (ahí está la palabra *lunático*), pero la asociación entre la Luna y la locura no hay que tomarla de forma literal.* Cuando la Luna está llena, saca componentes a la luz; normalmente, contenidos que habían estado total o parcialmente ocultos. La impresión puede ser la de ver o advertir de repente algo sobre uno mismo u otra persona, por primera vez. Esta toma de conciencia puede ser hermosa y esclarecedora o decepcionante y desconcertante, según cómo respondamos a ella. La fase llena se encuentra a medio camino en

---

* N. del T.: Esta frase ha sido objeto de una traducción libre. La traducción literal sería: «La asociamos con lo romántico, la magia y la locura. Las palabras [inglesas] *lunacy* y *lunatic* se pueden traducir como 'locura', pero esta definición es subjetiva».

el ciclo lunar e implica pasar de la conciencia subjetiva a la conciencia objetiva. Esto implica un nuevo comienzo en el ámbito de la conciencia: ser capaces de ver la vida y a los demás tal como son, sin estar incluyendo siempre componentes personales. La conciencia objetiva no es mejor ni más evolucionada que la subjetiva; son perspectivas u orientaciones diferentes. Si no nos desarrollamos plenamente en el plano personal, no tendremos un yo completo con el que contribuir a las relaciones y con la sociedad. La fase llena supone el inicio de las asociaciones igualitarias, la verdadera cooperación y la unión.

Las personas nacidas durante esta fase sintonizan de forma natural con las cualidades propias de Libra, el signo que se corresponde con la fase llena y el aspecto de la oposición. De la misma manera que la Luna refleja la luz del Sol en el cielo, estos individuos aprenden sobre sí mismos a través de los demás. Necesitan implicarse con la vida tanto en el terreno social como en el plano intelectual. Aquellos a quienes atraen y las situaciones con las que se encuentran reflejan su forma de ser; reflejan, sobre todo, sus propias partes no integradas, o lado oscuro. Es fácil proyectar limitaciones y expectativas en otras personas en esta fase, ver las cosas de manera extrema y tener comportamientos radicales.

Todos los aspectos planetarios tienen que ver con la integración, pero la oposición constituye el ejemplo más evidente a este respecto, porque tiene lugar entre polaridades. Las polaridades no son dos elementos diferentes, sino un continuo de energía. Por ejemplo, Aries/Libra es el continuo de la relación experimentado desde puntos de vista opuestos. Aries y Libra están incompletos sin el otro; ni siquiera existen sin el otro. Las polaridades y la oposición implican una tensión inherente, y la tensión es la única manera de llegar al equilibrio. Imagina una cuerda de equilibrista que no está tensa en ambos extremos o a dos personas sentadas en el mismo lado de un balancín. El equilibrio es más que dos cosas que funcionan bien cada una por su lado, sosteniéndose cada una a sí misma mientras se ajusta para llegar a las proporciones correctas (una habilidad propia de Libra). Los individuos sujetos a esta fase necesitan trabajar con otras personas para llegar a tener una sensación de compleción, tanto respecto a lo interior como respecto a lo exterior. La interconexión está presente en todo. Para cumplir su propósito de la mejor manera, estas personas deben crecer a través de las relaciones y explorar la ley hermética de la correspondencia, «como es arriba es abajo», la cual también se puede entender en el sentido de «como es dentro es fuera».[4]

FASE DISEMINADA (ENTRE 225 Y 270 GRADOS DE DISTANCIA)

En la fase solilunar diseminada, la Luna está menguando, pero aún es muy visible en el cielo. Las personas nacidas en esta fase quieren contribuir con la sociedad de una manera significativa. Necesitan alcanzar algo haciendo uso de los talentos y habilidades con los que nacieron o que han desarrollado. La energía capricorniana de esta fase tiene un lado serio y práctico que no está satisfecho con nada que no sean unos resultados sólidos, productivos y respetables. Aquello que llegó a la madurez en la fase llena debe aplicarse de una manera útil.

El objetivo es poner de manifiesto lo que se ha aprendido a lo largo de las fases previas y compartir esta sabiduría con la sociedad. Capricornio encarna la asunción de responsabilidad, la integridad, el sentido práctico y la capacidad de ver el cuadro general y de orquestar todo para conseguir la eficiencia. Las personas que se inscriben en esta fase suelen estar interesadas en construir un legado y están dispuestas a trabajar incansablemente en el proceso. Tienen la responsabilidad de tomar lo que han creado, con todos los recursos que tienen a su disposición, y de hacer que llegue a ser funcional en un grado máximo. Estas personas deben utilizar sus dotes de liderazgo y su capacidad de manifestación para ayudarse a sí mismas y ayudar a otros individuos a plasmar todo su potencial.

Que aquello que se hace sea útil para la sociedad implica trabajar dentro de las estructuras y reglas de la sociedad. Quienes están expuestos a la fase diseminada topan con los condicionamientos, y si bien deben operar dentro del sistema, reconocen los límites y restricciones inherentes a este. Alguien verdaderamente sabio tiene muy en cuenta el punto en el que se encuentran los demás y los inspira a tomar en consideración un futuro diferente. En su mejor versión, las personas influidas por la fase diseminada son agentes de cambio que pueden hacer que el barco vaya modificando el rumbo poco a poco. No son individuos precipitados, por lo que no tiran el grano junto con la paja. El pasado no es algo que haya que descartar, sino algo de lo que hay que aprender, sobre lo que hay que construir y que debe permitirnos mejorar. A veces somos impacientes; queremos resultados inmediatos y una píldora que lo cure todo. Cuando no nos gusta algo, queremos dejarlo y volver a empezar. Pero hay una mejor manera de proceder, y la fase diseminada constituye una invitación a jugar según las reglas el tiempo suficiente como para entenderlas plenamente y comprender para qué fueron creadas. Esta es la única manera de cumplir la gran tarea que es llevar a nuestro planeta a un nivel nuevo de existencia. La gente escucha a quienes han estado en las trincheras y han alcanzado su posición por medio del trabajo duro y las experiencias de vida. Existe el peligro de perderse en el juego, pero es un riesgo que vale la pena. Solo podemos ganar si jugamos, y solo yendo hacia dentro podemos hacer que otras personas salgan al mundo o asciendan. Esta fase es la cumbre máxima, y los expuestos a ella están llamados a alzarse y responder.

FASE DEL ÚLTIMO CUARTO (ENTRE 270 Y 315 GRADOS DE DISTANCIA)

La fase solilunar del último cuarto constituye el reto de la reorientación e implica una crisis de conciencia. La totalidad del ciclo solilunar está llegando a su final, y ahora la persona tiene que aceptar la responsabilidad por sus actos y darse cuenta de cuál es el significado profundo de sus elecciones. La energía de Acuario impregna esta fase, y no podemos trabajar con Acuario sin afrontar nuestra autenticidad o nuestra falta de autenticidad. Las personas nacidas en esta fase son rebeldes por naturaleza de una forma u otra, y a menudo se rebelan contra sus propias reglas y patrones. Necesitamos tiempo y perspectiva para ver cómo somos realmente, y a estas alturas la Luna se ha alejado lo suficiente del Sol como para ser en mayor medida un agente libre observador. En el cielo, la Luna está medio llena, pero está decreciendo, por lo que es más apropiado decir que está medio vacía. Hay suficiente luz con la que trabajar, pero se está marchando. El factor tiempo es determinante, y las personas sujetas a esta fase tienen que liberarse del pasado y apostar al máximo por el futuro. Necesitan comprender quiénes son, y descubrir la verdad puede impactarlas; pueden experimentar algo cercano a una crisis de identidad. Más allá de esto, necesitan experimentarse como miembros del mundo, en el contexto del bien común.

Cualquier elemento de tipo conservador que se haya mantenido de las fases previas es sometido a revisión. El resultado con el que hemos estado trabajando en las dos últimas fases está fijado en gran medida, pero ahora las ideas y comprensiones que tiene la persona respecto a la totalidad del proceso adquieren valor por sí mismas. Incluso si no se producen mejoras en el ciclo actual, la respuesta que se le da y la conciencia que se toma de él comienzan a impregnar la mente y el alma de inspiración y esperanza para lo que vendrá a continuación. Para sacarle el máximo partido a esta fase, hay que plasmar las creencias; no basta con hablar de ellas o aprehenderlas intelectualmente. Cuando la persona que se inscribe en esta fase tiene claro qué es lo que valora y respalda sinceramente, se siente impulsada a demostrarlo siendo esta persona tanto en el terreno de las palabras como en el de la acción. Los individuos nacidos en esta fase tienen una vena radical y pueden actuar como la última gota que hace rebosar el vaso. Tienen el poder de hacer que las situaciones estancadas o que han permanecido dentro de unos límites rebasen estos, de tal manera que contenidos nuevos puedan ocupar el espacio desalojado. Hay algunas cosas que no podemos cambiar, pero ¿por qué enfocarnos en ellas cuando hay tanto que sí podemos cambiar? La fase final se está aproximando, y esta es la última oportunidad de obtener un resultado exitoso. Hay que entender por «resultado exitoso» unos avances que golpean como un rayo y despiertan la conciencia. Esta descarga eléctrica elimina cualquier componente viejo que no se pueda sostener; lo cortocircuita radicalmente y establece una nueva corriente. La persona que alcanza este punto se convierte en esta nueva corriente y puede regalar esta frecuencia. Los individuos sujetos a la fase del último cuarto tienen que vivir aportando soluciones creativas, imbuidos de un deseo verdadero de sanar el planeta y ayudar a la humanidad, y han de estar dispuestos a reinventarse.

FASE BALSÁMICA (ENTRE 315 Y 360 GRADOS DE DISTANCIA) Y LA CONJUNCIÓN BALSÁMICA

La fase solilunar balsámica constituye el final de todo el ciclo. La Luna está a punto de completar su órbita alrededor de la Tierra y de volver a encontrarse con el Sol (es decir, de acercarse al Sol en la mayor medida dentro de su ciclo). Al haber menos distancia entre el Sol y la Luna, esta se convierte en una franja delgada y después se oscurece. La luna balsámica también se conoce como luna moribunda, y las personas nacidas en esta fase lo perciben; el tiempo se está acabando y hay algo que casi ha terminado. Influida por Piscis, la fase balsámica es mística y espiritual. No sabemos qué ocurre o qué hay tras la muerte, y esta fase nos conduce hacia este misterio. Estas personas necesitan pasar tiempo retiradas del mundo exterior para escuchar su voz interior y conectar con algo más grande que ellas mismas. Cuanto más apegado esté el individuo al mundo material y la existencia finita, más terrible y desprovista de esperanza le parecerá esta fase. Si no creemos que habrá un nuevo comienzo después de un final, es fácil que nos rindamos o que intentemos que la situación actual dure para siempre. En cualquiera de los casos, se trata de una lucha contra lo inevitable. Las personas sometidas a la fase balsámica necesitan soltar y rendirse al futuro. Hace falta fe y valor para dejar el pasado y entrar en lo desconocido. Al fin y al cabo, no hay alternativa. Todos entramos en el vacío.

Ocurre algo muy potente cuando sabemos que nos estamos acercando a un final. Es como enterarte de que tienes una enfermedad terminal y te quedan dos meses de vida. Algunas personas tiran la toalla; se amargan y solo quieren que eso termine. Otras pasan a estar realmente vivas por primera vez y hacen todo lo que pueden para acoger y celebrar cada momento. A veces tenemos que afrontar la muerte para apreciar la vida. Quienes se inscriben en la fase balsámica pueden vivir como si el momento de su muerte estuviese cercano, para bien o para mal. Esta fase induce un sentimiento de destino social que puede motivar grandes actos de compasión y el impulso de sacrificarse por la humanidad. Puesto que el propio mundo se está desintegrando o desvaneciendo de forma natural, es habitual sentirse desilusionado y decepcionado. Aquello que una vez fue tan real y verdadero se está vaporizando. Es como si estos individuos tuviesen un pie en cada mundo, lo cual les puede inspirar creatividad y una visión, o puede amenazar su cordura.

Para los sujetos a la fase solilunar balsámica, vivir su propósito consiste en soltar el pasado y prepararse para el futuro. Tienen que perdonarse a sí mismos, perdonar a otras personas y llevar las cosas a su fin. A medida que queman el viejo karma, crean espacio dentro y fuera de sí. Imagina un enorme montón de basura que pertenece a una persona sin hogar (la falta de vivienda es un estado de transición o un espacio intermedio). Todo lo que posee está en esa pila, y para la persona promedio es difícil ver algo de valor en esa suciedad y ese deterioro. Todos somos así, aunque nuestra basura no siempre está a la vista. De la misma manera que un vertedero o una pila de compost contienen desechos, la fase balsámica contiene los restos de todo el ciclo. Las personas expuestas a esta fase tienen que deshacerse de todo aquello que no les servirá en el futuro. Esto incluye pensamientos, creencias, hábitos, apegos y saldar viejas deudas, para que nada de eso se recicle. Los comienzos siempre dependen del final previo; lo viejo proporciona la semilla para lo nuevo. La manera en que ponemos fin a algo energéticamente deja su huella en lo que vendrá a continuación. Los individuos que se inscriben en la fase balsámica pueden sentirse viejos incluso en su juventud; en términos cíclicos, son personas mayores. Están decidiendo cómo quieren ser recordados, qué es realmente importante, qué dejarán tras de sí y qué pueden hacer por el bien de las generaciones venideras. Saben, en lo profundo, que todo aquello que no se resuelve en esta vida se manifestará en otra.

La Luna y Mercurio: conectar el corazón con la mente

C uando examinamos detenidamente el ciclo de la Luna y Mercurio desde un punto de vista psicológico, nos damos cuenta de que supone una evolución de la mente humana. Refleja cómo lidia la mente con la llamada de la inteligencia lógica y la emocional. Este ciclo nos permite estudiar el crecimiento psicológico a medida que la persona va aprendiendo en la vida. Todos estamos influidos por varios factores en esta existencia en el plano físico, que en parte pueden ser observados y comprendidos por el movimiento de acercamiento o alejamiento de la Luna respecto a Mercurio. Pero el proceso de aprendizaje no termina nunca, y la sabiduría y la experiencia que obtiene una persona a medida que la Luna avanza es el camino hacia la excelencia. El corazón siempre nos está conduciendo a otro ciclo más protagonizado por la Luna y Mercurio.

Existen muchas ideas sobre la mente y su relación con la Luna y Mercurio. En la astrología védica, la Luna es asociada con la mente. En la astrología occidental, nos apresuramos a sacar a la palestra a Mercurio siempre que aparece la palabra *mente*. Ahora bien, ¿qué designamos con el término *mente*? La definición general es que es la parte de nosotros que piensa y siente; es la parte que nos permite ser conscientes y que a menudo llamamos *conciencia*. El doctor Gregg Henriques, autor de *A New Unified Theory of Psychology* [Una nueva teoría unificada de la psicología], define la mente como el flujo de información que pasa por el sistema nervioso.[5] Explica que el flujo de información se puede separar de la materia biofísica que conforma el sistema nervioso. El doctor Henriques establece una analogía con un libro. La masa y las dimensiones físicas del libro son el cerebro. La información que contiene el libro es la mente. Y añade que la conciencia es el flujo de información «experimentado», si bien no sabemos cómo crear esta experiencia. No podemos diseñar la conciencia.

Si la mente es el flujo de información que pasa por el sistema nervioso, tiene sentido que tanto la Luna como Mercurio constituyan gran parte de ella desde el punto de vista astrológico. Según la tradición, la Luna se corresponde con la mente subconsciente y el sistema nervioso simpático (las respuestas de lucha, huida o permanecer inmóvil). Mercurio también está asociado con el sistema nervioso y todas las transmisiones de mensajes y señales a través del cuerpo, así como todas las conexiones entre estos mensajes y señales. Tanto la Luna como Mercurio son reactivos y responden a los estímulos del entorno interior y exterior. La Luna y Mercurio reflejan nuestra forma de pensar y sentir en respuesta a la vida a medida que esta acontece. Ahora bien, no es posible encontrar pensamientos ni sentimientos... Lo decimos en serio; nadie ha sido capaz de aislar un pensamiento o sentimiento de manera tangible. No es posible encontrarlos abriendo el cuerpo y tampoco se los puede sacar del campo de energía para examinarlos. La mente es una especie de ilusión. No se puede encontrar.

Si observamos la mente como culminación del proceso de percepción, muestra ser incluso menos objetiva. La percepción es algo personal, subjetivo y que cambia con rapidez. Cien personas pueden experimentar lo mismo y puede haber grandes diferencias entre sus puntos de vista al respecto. En el terreno de la astrología, la Luna y Mercurio nos instruyen acerca de estas experiencias de tipo personal, es decir, acerca de cómo sentimos lo que ocurre y cómo respondemos a ello y le damos sentido. Nuestra forma de percibir la vida y de reaccionar ante ella enmarca nuestra realidad. La manera en que nos sentimos y en que pensamos acerca de los hechos tiene un gran impacto. Buda dijo que todo lo que somos es el resultado de nuestros pensamientos. Estos pensamientos proceden de dos mentes, la de la cabeza (Mercurio) y la del corazón (la Luna). Pero la Luna y Mercurio manejan la mente de formas diferentes, hasta el punto de que a veces parece que no están en el mismo equipo.

LA MENTE LUNAR, EMOCIONAL

La Luna o mente emocional está en manos del corazón. Quiere cuidados, confianza y seguridad. Siempre está buscando el bienestar y la pertenencia. La Luna es el proceso de la emoción, y la astrología evolutiva enseña que la evolución solo tiene lugar por medio del cuerpo emocional. Pero en el proceso emocional también participa el cuerpo mental, ya que las emociones son el resultado de la confluencia del cuerpo (las sensaciones), la mente (el pensamiento) y el corazón (los sentimientos). Esto solo hace que la Luna sea aún más misteriosa, de la misma manera que nosotros somos un misterio. Viejas enseñanzas hindúes nos dicen que la verdadera conocedora de toda mente y materia (el alma) está oculta en el corazón. Y la Luna, que es nuestro corazón y nuestro espíritu, aloja la experiencia emocional del pasado que tiene el alma. También integra el pasado y el futuro en el presente. Es la parte más personal de la carta astral.

Cuando hablamos con alguien, siempre es su Luna la que, instintivamente, está procesando todo lo que hacemos, decimos y emanamos energéticamente, y respondiendo a ello. Ser un «susurrador de la luna» es una cualidad muy importante para toda persona que se dedique profesionalmente a brindar apoyo psicológico. La Luna es nuestra corriente, y es imposible detener el avance de este río. El corazón quiere lo que quiere. Gracias a algún procedimiento místico, el alma o Yo mora en la cámara interior del corazón. Y el cuerpo físico no la ata.

LA MENTE MERCURIAL, RACIONAL

Mercurio, o la mente racional, es tal vez el mayor protector del ego o la autoimagen. Encontrar sentido a las cosas, tener las respuestas y ser capaces de definir todo lo que encontramos hace que nos sintamos seguros. La mayoría de nosotros podemos identificarnos con la adicción a querer saber. Lo desconocido suscita miedo, por lo que es fácil seguir igual y evitar el riesgo. Esta visión de Mercurio es muy limitada, pero es importante que la abordemos, dado que nuestros pensamientos crean la realidad. Aquello que pensamos y decimos dirige el espectáculo, junto con nuestras emociones. Detente un momento y sé honesto en cuanto a lo que te pasa por la cabeza durante la mayor parte del día, todos los días. Estos son los contenidos que han obtenido tu atención.

Mercurio es una herramienta asombrosa que tenemos a nuestra disposición. En el tarot, Mercurio es la carta del mago, que empuña su varita en el momento justo. Ha dominado su mente pensante creativa, y en el proceso ha aprendido a influir en la mente de otras personas. Podemos considerar que Mercurio no es la mente lógica solamente, sino también la presencia mental, es decir, la capacidad intelectual de ser conscientes de que estamos pensando o sintiendo. Es nuestra identificación con la mente, bien sintetizada en la declaración de Descartes «cogito, ergo sum» ('pienso, por consiguiente soy', también traducida como 'pienso luego existo').* En la carta natal y en los tránsitos y progresiones, Mercurio revela la historia que estamos creando momento a momento a partir de lo que *creemos* que está pasando. Se trata de nuestra perspectiva y de la manera en que conectamos los puntos. Es fácil que nos identifiquemos en exceso con lo que pensamos, hasta el punto de darle el control a nuestra mente. Como en la mitología, Mercurio es el mensajero, pero no es el mensaje. Puede obtener casi cualquier dato para ir adonde quiera (al igual que nuestros pensamientos), pero el terreno es resbaladizo. A los humanos se nos da bien dar sentido a las cosas, pero solemos equivocarnos.

LA INTERACCIÓN ENTRE LA LUNA Y MERCURIO

La Luna y Mercurio son los astros que se mueven más deprisa en nuestro sistema solar, como, en nosotros, el

---

* N. de los A: Esta cita atribuida al filósofo francés René Descartes resultó ser una poderosa declaración filosófica, porque el ser humano es lo que piensa, y esta idea fundamental nunca ha cambiado. Nuestra presencia mental deriva en gran medida de lo que pensamos. Lo que pensamos es lo que somos en cualquier situación dada.

corazón, la cabeza y el sistema nervioso. Ni la Luna ni Mercurio tienen mucha paciencia y ambos están siempre en transición. Están en todas partes, incluso en la relación que tienen entre sí, y esta interacción entre el sentimiento y la lógica puede ser muy incoherente. La Luna siempre se está alejando de Mercurio, igual que el reflujo de la marea siempre se aleja de la orilla del mar. Mercurio quiere encontrarle sentido a todo, pero la Luna está más allá del razonamiento lógico. A la Luna no le importa si las cosas tienen sentido o no; es perfectamente feliz siendo un misterio. Mientras que la mente lógica procesa, la mente del corazón responde.

El elemento mercurio no reacciona con el agua en condiciones normales. Es el más denso de los dos elementos y se hunde hasta el fondo sin disolverse. Si, basándonos en una asociación tradicional, consideramos que la Luna es agua dulce, no se va a mezclar con Mercurio. Ambos conservan su propia integridad en presencia del otro. No estamos persiguiendo la fusión entre el corazón y la mente, sino un puente o conexión que lo una todo y permita acceder a zonas en las que no se podría entrar de otro modo.

Si uno de los mayores superpoderes que tenemos como humanos es la energía que llamamos *mente*, y esta mente está compuesta de pensamientos, emociones y todas las percepciones, ¿cómo podemos trabajar conscientemente para que realice su mayor potencial? Si aceptamos la idea de que Mercurio y la Luna representan, conjuntamente, el sistema nervioso y la información que fluye por él, ¿cómo trabajan juntos? Tenemos un cerebro en la cabeza y un cerebro en la barriga, pero ¿cuál está dirigiendo el espectáculo, suponiendo que esto sea posible? El sistema nervioso es la realidad corpóreo-mental, el lugar en el que la mayoría de nosotros vivimos la mayor parte del tiempo. Recoge, procesa e interpreta todos los datos sensoriales externos e internos y responde a ellos. Somos mucho más que esto, pero aquello que nos hace humanos es que vivimos en, con y a través de esta parte de nosotros.

LOS CICLOS DE LA LUNA Y MERCURIO

La Luna y Mercurio mantienen una relación muy interesante en muchos sentidos. Considerando que ambos son planetas que se desplazan con rapidez, explorar los ciclos que conforman puede ser complicado a un nivel básico, porque en un ciclo planetario, desde el punto de vista de los tránsitos, una conjunción está conformada por un planeta que se mueve más deprisa y otro que se mueve más despacio que se encuentran en el mismo signo. El ciclo termina cuando el planeta que se desplaza con mayor rapidez llega al doceavo signo desde la posición del planeta que avanza con mayor lentitud. Por ejemplo, si tanto Júpiter como la Luna están en Tauro, la Luna pasará por todos los signos del Zodíaco. Cuando vuelva a llegar a Tauro, empezará un nuevo ciclo y el previo terminará. El punto clave es que Júpiter sigue estando en Tauro cuando la Luna culmina este ciclo. Podría decirse que hay cierto tipo de consistencia por parte de Júpiter en cuanto a los signos, mientras que la posición y la influencia de la Luna son siempre factores variables que van cambiando según el signo en el que se encuentra.

Sin embargo, en lo que respecta a Mercurio en relación con la Luna, esta se desplaza de un signo al siguiente cada 2,25 o 2,5 días, mientras que Mercurio permanece en cada signo entre 14 y 30 días, a veces más tiempo, según la velocidad a la que se esté desplazando. La Luna completa su ciclo en unos 29,5 días, mientras que Mercurio tarda 88 días en dar la vuelta al Sol, y desde una perspectiva geocéntrica se requiere un año aproximadamente para pasar por los doce signos.

Entonces, por ejemplo, después de una conjunción entre la Luna y Mercurio en Virgo, la Luna se va desplazando por los signos del Zodíaco, y cuando llegue a Leo, Mercurio entrará en Libra. Por lo tanto, la Luna no se vuelve a encontrar con Mercurio en el mismo signo en el que empezó su conjunción (Virgo, en este ejemplo). Cuando contemplamos la Luna como la mente emocional y Mercurio como la mente lógica, podemos ver la incoherencia que surge dentro de los seres humanos debido a este curioso fenómeno astronómico, que no se tiene muy en cuenta.

En un ciclo planetario, tenemos coherencia cuando la Luna se encuentra con el planeta más lento en el mismo signo en el que tuvo lugar su conjunción anterior (cuando el planeta más lento empieza y acaba el ciclo en el mismo signo). Pero en el caso de la Luna y Mercurio, nunca se da un ciclo coherente completo, porque Mercurio siempre cambia de signo antes de que la Luna regrese. La energía cambia; Mercurio (el planeta más lento) se encuentra en otro signo cuando empieza el nuevo ciclo. En el ejemplo que hemos puesto de la conjunción entre la Luna y Mercurio en Virgo, Mercurio estará en Libra cuando empiece el ciclo siguiente. Nada permanece igual.

Este ciclo funciona de manera totalmente diferente cuando Mercurio está retrógrado.* Este planeta permanece unos cuarenta y cinco días en un signo en este caso; durante este tiempo, la Luna completa todo un ciclo zodiacal y se sitúa en la mitad del siguiente. Las emociones y el razonamiento lógico de los humanos son influidos por un ciclo un poco más largo con un efecto similar, sobre todo cuando Mercurio está en el mismo signo mientras parece que tiene un movimiento retrógrado.

Esta relación entre la Luna y Mercurio se deja sentir incluso durante los tránsitos que activan las cartas natales individuales. Al examinar la Luna progresada y su relación con Mercurio, se advierte que surge una incoherencia significativa entre el corazón y la mente cuando nos

---

* N. del T.: El movimiento retrógrado de los planetas hace referencia a que parecen invertir su órbita durante un tiempo. En realidad, no la invierten; se trata de un efecto óptico que percibimos desde la Tierra debido a diferencias en la velocidad orbital de nuestro planeta respecto al planeta observado.

vemos forzados a tomar decisiones apoyadas por factores racionales o humanos, como el apego emocional, o por aspectos racionales y emocionales. Comprensiblemente, el concepto de la progresión secundaria (un día equivale a un año) tiene un mayor impacto, porque tenemos más tiempo para trabajar con él. Esto hace que este sea un fenómeno interesante de explorar.

En la carta natal, la fase natal personal protagonizada por la Luna y Mercurio nos proporciona una clave para comprender cómo confluyen la mente y el sistema nervioso en el ciclo actual de desarrollo evolutivo. También podemos usar la carta para determinar si en el pasado ha prevalecido el pensamiento racional o el emocional, y cuál es la intención del alma en cuanto al crecimiento y la integración en la actualidad. La fase personal protagonizada por la Luna y Mercurio puede arrojar luz sobre la relación general que mantiene la persona con su sistema nervioso; es decir, puede esclarecer cómo cada uno de nosotros, como espíritus ilimitados y eternos, trabajamos con las sensaciones humanas y con un cuerpo y una mente que responden al placer y al dolor. Imagina que nunca has probado la cafeína y que de pronto te bebes una taza de café cargado. La experiencia puede ser emocionante o atemorizante, o puede provocarte malestar corporal. Pues bien, todos estamos realizando experimentos como este a diario a través del sistema nervioso. Diversos fenómenos impactan constantemente en nuestros circuitos y sentimos eso, lo etiquetamos, lo juzgamos e intentamos controlarlo.

CONECTAR EL CORAZÓN CON LA MENTE

Explorar los ciclos protagonizados por la Luna y Mercurio nos permite saber más sobre cómo se plasma esta energía en nuestra mente y, en última instancia, en nuestra vida. Ya hemos presentado nuestra idea de que la Luna expresa la mente emocional, mientras que Mercurio expresa la mente lógica y la presencia mental. Tendremos en cuenta esta diferenciación a la hora de tratar sobre los ciclos que desarrollan la Luna y Mercurio.

Desde el punto de vista psicológico, la percepción y la personalidad son los dos aspectos del comportamiento más importantes que impulsan la vida humana, lo cual hacen de varias maneras. Ambas determinan nuestra actitud hacia la vida. Mientras la Luna se aleja de Mercurio, recibimos los aspectos positivos correspondientes al signo en el que se encuentra la Luna. El elemento, la modalidad o modo y la naturaleza del signo tienen mucho por ofrecer. El camino de la Luna presenta una relación directa con nuestra emocionalidad. El corazón nota varios cambios mientras la Luna avanza por el ciclo. Los sentimientos contienen sabores mezclados a lo largo del ciclo. La brecha entre el corazón y la mente se va haciendo más grande en cada fase del ciclo, hasta que los dos planetas están en oposición. Cuando la Luna llega a ese punto, se da una clara polarización entre las ideas de la mente lógica (Mercurio) y el corazón o mente emocional (la Luna), ya que ambas mentes parten de distintos espacios.

Como bien sabemos, la mente lógica y la emocional son dos aspectos diferentes del sistema mental humano. Por lo tanto, es imperativo que sepamos que nuestra percepción y nuestra personalidad van cambiando y se van desarrollando según lo que refleja la relación entre la Luna y Mercurio y lo que va determinando la posición de la Luna en los diversos signos. Por ejemplo, la Luna en Aries y Mercurio en Sagitario da lugar a un trígono o relación armoniosa entre los planetas. Pero en este ejemplo la Luna y Mercurio están en la fase del primer cuarto. Ten en cuenta que nos encontramos en la primera mitad del ciclo, pues la Luna está creciendo. Mercurio cuenta con una pequeña ventaja en cuanto a imponer el razonamiento lógico sobre el razonamiento mental. En este caso, los pensamientos y los sentimientos interactúan entre sí, pero la mente emocional tiende a perderse en el intelecto simbolizado por Mercurio y su posición. Esto no quiere decir que no haya inteligencia emocional. La respuesta emocional está vinculada a la lógica de alguna manera, pero el corazón notará las diferencias. En este caso, la sensibilidad que ofrece la Luna y la vulnerabilidad humana a la percepción tienen un impacto en la personalidad del individuo, lo cual influirá en su manera de manejarse en la vida diaria.

LAS FASES DE LA LUNA Y MERCURIO

FASE NUEVA (ENTRE 0 Y 45 GRADOS DE DISTANCIA) Y LA NUEVA CONJUNCIÓN

La fase nueva protagonizada por la Luna y Mercurio supone el comienzo de un ciclo evolutivo totalmente nuevo en la relación entre la cabeza y el corazón. La mente emocional y la lógica acaban de confluir para dar inicio a una nueva experiencia o conciencia que abra la puerta de acceso a una nueva vida. Esta fase es instintiva y espontánea. Se necesita libertad para efectuar intentos y ver qué ocurre. El sentimiento y el pensamiento están viendo cómo les va trabajando juntos de esta manera. Cuando las mentes emocional y lógica se juntan en la conjunción de una nueva fase, los pensamientos y los sentimientos están entremezclados. Tras la fase balsámica y la conjunción balsámica de compleción, las dos mentes están acostumbradas a ir juntas, pero ahora el tema está cambiando y aún no se sabe hacia dónde están yendo las cosas. El final se ha transformado en el comienzo.

Las personas expuestas a esta fase tienden a reaccionar con hipersensibilidad en respuesta a cualquier crítica que reciban sus sentimientos o sus ideas. En la fase nueva, puede ser difícil distinguir entre las emociones (la Luna) y los pensamientos (Mercurio). Al no haber mucha distancia entre Mercurio y la Luna, es fácil que estos individuos crean que están sintiendo cuando están intelectualizando, y viceversa. Se toman de forma personal cualquier ataque que perciban que han recibido sus pensamientos, sus razonamientos o sus sentimientos. La objetividad no es algo natural en ellos. Quienes están bajo el influjo de esta fase se muestran bastante vivaces a la hora de expresar sus opiniones públicamente y se apasionan mucho con lo que dicen. Tienden a conversar con su subconsciente a la hora de planificar sus acciones y de ejecutar sus rutinas.

FASE CRECIENTE (ENTRE 45 Y 90 GRADOS DE DISTANCIA)

La fase creciente entre la Luna y Mercurio está llena de tensiones y dificultades porque la manera en que están trabajando juntos la cabeza y el corazón ha superado la fase de iniciación, marcada por la espontaneidad, y debe enraizarse y ser reconocida como valiosa. En esta fase, lo viejo y lo nuevo se retan entre sí y se requiere una gran determinación para seguir adelante. Es necesario expandirse y enfocarse con cada paso, incluso cuando el avance es lento.

Esta es la primera fase en que la Luna se aleja significativamente de Mercurio. En otras palabras, aunque el corazón está regido en gran medida por los pensamientos (los cuales son el resultado de la combinación de emoción y racionalidad desarrollada por la culminación del corazón y la mente durante la conjunción), se ha producido un cambio energético ahora que la Luna se ha distanciado más de 45 grados de Mercurio. Por otra parte, los sentimientos y las motivaciones emocionales influyen sustancialmente en las formas en que piensa y experimenta la vida diaria la persona.

No estamos diciendo, de ninguna de las maneras, que el apego emocional y los supuestos lógicos sean positivos o negativos. De todos modos, cuando empezamos algo, el corazón y la mente están repletos de argumentos con los que justificamos lo que estamos haciendo, por qué lo estamos haciendo, cómo lo estamos haciendo y qué obtendremos a cambio. En la fase creciente, podemos estar apegados emocionalmente a la historia que nos creemos y según la cual procedemos. Por otra parte, también hay unos argumentos que apoyan nuestro apego emocional. La relación de Mercurio con la Luna incluye más ideas respaldadas por la lógica, incluso en escenarios extremadamente resbaladizos. En esta fase, a las personas les resulta más fácil gestionar las emociones, porque Mercurio induce racionalidad a la Luna. Una consecuencia de ello es que se tiene valor para gestionar y adoptar algunas decisiones muy importantes. Cuando la distancia entre la Luna y Mercurio es de entre 60 y 90 grados, existe un potencial mayor en la resolución de conflictos y al manifestar una comunicación clara en la que tanto la lógica como la emoción tengan un papel. Esta característica puede ser muy útil para las fuerzas del orden y para los agentes secretos que se encuentran constantemente en situaciones extremas en las que deben manejar sus emociones y la lógica al mismo tiempo.

FASE DEL PRIMER CUARTO (ENTRE 90 Y 135 GRADOS DE DISTANCIA)

La fase del primer cuarto siempre es considerada vigorosa, energética y orientada a la acción. El corazón y la cabeza han estado juntos, y es hora de poner a prueba esta colaboración en el mundo. Espera recibir los resultados de tus actos directamente en la cara: habrá problemas que resolver. Las personas se dan cuenta de que se están sujetando demasiado a su parte racional y lógica. Las diferencias entre la mente emocional y la lógica se manifiestan de una forma obvia, y suele haber un sentimiento indescriptible en relación con la incomodidad que genera sujetarse a principios lógicos. Pero la persona apenas advierte, o no lo percibe en absoluto, que está reprimiendo su naturaleza emocional y los sentimientos del corazón. Aún no se ha llegado al punto de tener una mayor conciencia a este respecto.

A las personas expuestas a esta fase se les suelen dar muy bien las tareas aleatorias que no requieren mantener la lógica o, en ocasiones, ceñirse a unos plazos. El corazón y la mente no dejan de saltar de una cosa a otra y nunca se asientan en un lugar. Como no se imponen límites a la imaginación y las ideas creativas, existe el potencial de un talento enorme en campos artísticos. El arte y la expresión de la creatividad pueden liberar a la persona de las limitaciones del pensamiento. Cuando la Luna está en cuadratura con Mercurio (justo al principio de la fase del primer cuarto), puede producirse una gran explosión creativa repentina. Pero la mente también sufrirá la carga de lo que percibe como la realidad lógica.

Veámoslo por medio de un ejemplo. Supongamos que alguien quiere ser pintor y que la pintura tendrá que ser su fuente de ingresos. Pero no hay manera de que alguien pueda empezar a obtener un salario completo en las primeras etapas, al menos en la mayoría de los casos. En consecuencia, la mente lógica obligará a esta persona a tomar otro empleo mientras no confíe en obtener los ingresos suficientes a través de la pintura. Permanecer en un antiguo empleo o en un puesto de trabajo convencional mientras la dedicación a la pintura empieza siendo una ocupación extra es una manifestación clásica de la fase del primer cuarto.

FASE GIBOSA (ENTRE 135 Y 180 GRADOS DE DISTANCIA)
La fase gibosa es la última antes de la madurez propia de la fase llena. A lo largo de ella, el centro de interés suele ser abordar incoherencias entre el pensamiento y el sentimiento, y todo lo que hay en medio. Es un período de reajustes y cambios de perspectiva, en que la persona tiene la necesidad de autoanalizarse para conocer mejor su mente y las capacidades de esta.

Una de las tareas por abordar en esta fase es completar y perfeccionar las ideas del corazón y la mente antes de la llegada del aspecto que es la oposición. Poco a poco, la persona se da cuenta de que el lado emocional de la mente se impone más de como lo hacía habitualmente. Esta relación entre Mercurio y la Luna traerá más cambios en el sentido de adquirir conciencia de que la mente lógica ha estado reprimiendo la mente emocional. La naturaleza de esta fase nos ayuda a descubrir que la lógica no lo es todo y que las emociones son valiosas. La mente intelectual no es la jefa del corazón.

En su vertiente de escritor y conferenciante, Dale Carnegie afirmó lo siguiente en su icónico libro *How to Win Friends and Influence People* [Cómo ganar amigos e influir sobre las personas]: «A la hora de tratar con la gente, recordemos que no estamos tratando con criaturas lógicas. Estamos tratando con criaturas emocionales».[6]

En la fase gibosa protagonizada por la Luna y Mercurio, la relación astronómica que hay entre ambos ayuda a las personas a tomar al menos una o dos decisiones contrarias a lo que les dicta la mente lógica y a respaldar su mente emocional. Están empezando a comprender bien el equilibrio, es decir, a dar más valor a la empatía y los sentimientos. De todos modos, esta fase no es totalmente libre del reinado de la lógica. A quienes se encuentran bajo el influjo de esta fase les resultará útil conectar con otros con el fin de obtener ideas y opiniones sobre su trabajo y los progresos que están haciendo. La fase gibosa es un período en el que llenar los huecos que la Luna ha conseguido crear o evitar en su camino hasta aquí.

FASE LLENA (ENTRE 180 Y 225 GRADOS DE DISTANCIA) Y LA OPOSICIÓN

La fase llena es el punto de maduración del ciclo, equivalente a cuando un árbol da fruto. A partir de aquí, el corazón influye un poco más que la mente lógica, pues nos encontramos al comienzo de la segunda mitad del ciclo. Esta es una manifestación clásica de los resultados de los esfuerzos iniciados durante la conjunción de la fase nueva. Pero aparecen problemas como efecto secundario del éxito. Estos problemas derivan o bien de la culminación de un logro que hay que hacer avanzar, o bien de la imposibilidad de seguir adelante. El caso es que el corazón y la mente pueden acabar por manifestar pensamientos extremadamente contradictorios. Tanto la Luna como Mercurio forzarán a la persona a pensar desde las dos dimensiones (el corazón y la mente; las emociones y la lógica). Se generan ideas desde ambos lados. Hay ocasiones en que las ideas son muy irracionales, porque son emocionales. Y hay ocasiones en que las ideas son extremadamente lógicas y no contienen ninguna emoción. La oposición es un aspecto del equilibrio que se está produciendo entre dos extremos.

Las ideas nuevas surgidas durante este período no siempre están destinadas a tener éxito y se debería ir con cuidado a la hora de implementarlas, ya que la mente y el corazón pueden estar muy alejados. Es muy difícil llegar a una conclusión en cuanto a si elegir el corazón a la mente o la mente al corazón. Las personas tienden a experimentar la condición perfecta de desequilibrio que resulta en una tarea difícil por delante. Por lo tanto, cuando la Luna en tránsito está en oposición al Mercurio natal, es mejor contar con alguien que ayude con su mediación y colaboración para llegar a un resultado positivo en las decisiones importantes.

Los individuos expuestos a la fase llena entre la Luna y Mercurio pueden acabar por tomar decisiones prematuras en momentos claves de la vida o no tomar nunca una decisión. Están muy influidos por el entorno exterior y por las personas con las que entran en contacto en el transcurso de la vida diaria; estas influencias los perturban y desconciertan. Hay una gran tendencia a proyectar en los demás y a ver que todo tiene su origen en la otra parte. Este es un período en el que disfrutar del éxito conseguido y conviene dejar pasar un tiempo antes de iniciar algo nuevo. Es un buen momento para hacer una lluvia de ideas centrada en cómo sostener y compartir los logros manifestados a través de la relación que han mantenido el corazón y la mente.

FASE DISEMINADA (ENTRE 225 Y 270 GRADOS DE DISTANCIA)

La mente es un regalo al mundo, y en la fase diseminada ha llegado el momento de compartir esta sabiduría con la sociedad. La perspectiva individual es valiosa para los demás, y son más relevantes quienes reciben que quien comparte. En este período se trata de aprender a jugar según las reglas de la sociedad a la vez que se ponen en práctica los talentos personales, por lo que es importante tener cuidado de no perderse en el juego.

En la fase diseminada protagonizada por la Luna y Mercurio, se desarrolla una madurez que permite a los individuos compartir ideas y opiniones con personas que los admiran o respetan. Por otra parte, también es un período en el que tener más ideas que apoyen la mente emocional, porque hay una mayor inclinación hacia las emociones que hacia la lógica. El psicólogo Edward de Bono resumió esta cuestión con las siguientes palabras: «La mayoría de los errores de pensamiento son defectos de percepción más que errores de lógica».[7] Para conseguir un equilibrio entre ambos aspectos, buscar consejo externo es una elección inteligente. Al mismo tiempo, uno debe asegurarse de tomar sus decisiones en colaboración en lugar de limitarse a dejar que otro individuo decida por él.

Las personas pueden reconocer lo valiosas que son sus opiniones para los demás, y también toman conciencia de que las opiniones de otras personas las ayudan a desarrollar más la relación entre su corazón y su mente. Esta es una fase de saturación y receptividad madura. Mercurio —nuestra mente racional— se asegura de que no seamos demasiado sumisos. Pero ser receptivo, una cualidad que proviene de la Luna, es igualmente importante. Las personas expuestas a la fase diseminada entre la Luna y Mercurio estuvieron mucho menos receptivas durante las fases precedentes con toda probabilidad, a causa de la presión ejercida por Mercurio sobre la Luna. Pero ahora la Luna tiene más voz, la cual se seguirá reforzando a lo largo de la segunda mitad del ciclo que queda por recorrer.

FASE DEL ÚLTIMO CUARTO (ENTRE 270 Y 315 GRADOS DE DISTANCIA)

La fase del último cuarto insta a una reorientación. La mente y la forma de reaccionar y responder ante la vida han pasado a constituir una parte más integrada de la persona. Esta acoge sus pensamientos y emociones y sabe cómo liberarse del pasado en todos los aspectos en los que pueda estar atascada en él. Es el momento de aceptar la responsabilidad por todo lo que se ha hecho a través de la unión de la mente y el corazón. El ciclo está cerca de completarse y está presente un fuerte impulso de estar al servicio del bien común. De forma natural, las personas que se inscriben en la fase del último cuarto entre la Luna y Mercurio gozan de mayor estabilidad mental, son más sabias y tienen la capacidad de ser objetivas. La mente superior puede resultarles más accesible; pueden tener la capacidad de sintonizar con una conciencia que se encuentra más allá del parloteo de la mente egoica.

Como fase que precede a la balsámica, constituye el último período en el que hay la oportunidad de anteponer el corazón a la mente lógica. Cuando el corazón va por delante de la mente lógica, tenemos una posición «mental» mucho más asentada. Soltar el apego de Mercurio a lo que la cabeza piensa que sabe deja paso a que se manifiesten dos cualidades lunares: la empatía y la sintonía con lo que necesita realmente el corazón. Los individuos sujetos a esta fase tienden a examinar sus experiencias del pasado y a analizar más de una vez determinadas situaciones vitales con el fin de comprender sus actos y determinar si realmente pueden actuar a partir de lo que les está comunicando el corazón. Si están abiertos, oirán cómo el corazón les habla de formas inspiradoras y esclarecedoras.

FASE BALSÁMICA (ENTRE 315 Y 360 GRADOS DE DISTANCIA) Y LA CONJUNCIÓN BALSÁMICA

Este es el final del ciclo; es la última fase, en la que las ideas generadas a partir de la conjunción previa al principio del ciclo están culminando su recorrido. El corazón ya está buscando la siguiente fase nueva y trabajando con la mirada puesta en ella. En la fase balsámica se puede oír muy bien la voz del corazón. Todo lo que se ha hecho con la mente, el corazón y la cabeza y toda la conciencia experimentada está listo para ser transmitido. La realidad comienza a desdibujarse mientras la mente, el apego a sentimientos y pensamientos y toda la forma de experimentar la vida se van desvaneciendo. Es el momento de soltar y prepararse para el futuro desprendiéndose de lo que ya no es útil y aportando todo aquello que contribuirá al inicio del próximo ciclo.

Cuando el planeta de las emociones (la Luna) conforma una conjunción balsámica con el planeta de la lógica (Mercurio), el corazón y la mente llegan a un punto culminante. De pronto, las necesidades emocionales y los criterios prácticos sintonizan bien con la situación que se esté dando. Incluso sin saber lo que está ocurriendo en el subconsciente, la mente lógica encuentra argumentos para apoyar frutos de la imaginación alocados y espontáneos que son en gran medida manifestaciones de creatividad, la cual es un terreno en el que tienen un papel tanto el corazón como la mente. Las personas que se inscriben en esta fase son empáticas de forma natural, porque la empatía tiene que ver con las situaciones, aunque también es de carácter emocional. Cuando alguien sabe que otro ser humano necesita empatía, tiene un sentimiento y unos pensamientos subyacentes respecto a esta situación. También sabe que hay margen para que surja una opinión o un sentimiento sin que se produzca ningún conflicto entre el corazón y la mente o las emociones y la lógica.

Retomando el ejemplo del pintor que poníamos en la fase del primer cuarto, en la fase balsámica esta misma persona oirá la llamada de su corazón y se sentirá motivada a comenzar a pintar haciendo de ello su profesión principal. Finalmente, podría dejar su empleo convencional y dedicarse a seguir la llamada de su corazón. A estas alturas, las preocupaciones relativas a la supervivencia apenas se filtran en su mente.

Cuando el corazón nos llama a hacer lo que amamos, la lógica no tiene ningún papel en realidad, sobre todo en la fase balsámica, en que el corazón tiene más que decir que la mente. El amor gana.

CUATRO

La Luna y Venus: conectar el yo con el nosotros

Comprender el proceso de salvar la distancia entre el yo y el nosotros a través de las fases es el camino que nos permite comprender los entresijos de la conciencia más personal y orientada hacia el yo de la mente humana, entendiendo al ser humano como un ser separado y que se relaciona con los demás. En el ciclo protagonizado por la Luna y Venus, podemos explorar los significados y motivaciones más profundos de nuestras necesidades y deseos personales desde el punto de vista individual y también desde la perspectiva de nuestras relaciones. Todos aprendemos, crecemos y evolucionamos a través de nuestra relación con varias personas en la vida. El avance de la Luna, o su liberación respecto de Venus, a medida que se desplaza por el Zodíaco expande y amplía la experiencia humana de los sentimientos y emociones desde el punto de vista de las relaciones. Comprender el ciclo y las fases de la Luna y Venus nos ayuda a conseguir un equilibrio óptimo y un compromiso saludable entre nosotros mismos y los demás.

Tanto la Luna como Venus son arquetipos yin, y este solo hecho hace que presenten similitudes. Si vemos los planetas como símbolos de las partes de la psique interior, la Luna y Venus son los aspectos receptivos, sensibles, fluidos, no lineales, emocionales y absorbentes de nuestra naturaleza. Ambos planetas, entendidos como símbolos, pueden ser completamente irracionales. Si has perdido la cabeza con un enamoramiento o has pasado tiempo con un niño inmaduro sabrás de lo que estamos hablando. Tradicionalmente, se considera que tanto la Luna como Venus son planetas nocturnos. En gran medida, operan bajo la superficie de la conciencia. Lo que podemos ver y lo que tiene sentido pierde poder en medio de la oscuridad. Las sensaciones corporales son motivaciones tanto para la Luna como para Venus. Les preocupan poco los hechos y la lógica; viven en un mundo de sentimientos y experiencias y tienen unas necesidades personales profundas. Pero no son planetas gemelos, ni mucho menos.

La Luna es totalmente subjetiva en cuanto a sus necesidades. Necesita lo que necesita, sin más. En cambio, Venus está tomando siempre en consideración y ponderando las necesidades de los demás y de las relaciones en sí. Venus dice «¿qué pasa con nosotros?», mientras que la Luna dice «¿qué pasa conmigo?». Se trata de una dinámica entre el niño emocional interior y el deseo de relacionarse. Venus muestra una buena disposición al compromiso; la Luna no está interesada en hacer tratos, pero esto hace que le resulte casi imposible obtener lo que necesita. En algún momento, la mayoría de nosotros empezamos a mirar más allá de las motivaciones infantiles e intentamos tener un compañero o una compañera. Que esto funcione dependerá de que tengamos una Luna saludable, lo cual implica cuidar del niño interior y aceptar los propios sentimientos y necesidades. Si intentamos estar en una relación con otra persona (es decir, manifestar Venus) sin tener en cuenta a la Luna, el suelo se hundirá bajo nuestros pies. Las relaciones más satisfactorias derivan de integrar los dos aspectos, el yo y el nosotros. Para hacer esto, debemos tener y aportar un yo sólido; no hay alternativa.

VENUS: RELACIONES, EQUILIBRIO Y ARMONÍA

Para comprender la interacción entre la Luna y Venus, comencemos por explorar este segundo planeta en el plano simbólico. Sabemos que Venus es la diosa romana del amor, la belleza, el arte y la sensualidad. También es la diosa de la Tierra, y se cuenta que salían flores del suelo allí donde pisaba. Los dioses estaban embelesados con Venus y envidiaban a sus amantes. La quería incluso Mercurio, el menos inclinado a tener aventuras con seres inmortales.

Venus representa el deseo, el amor y la atracción. En la carta natal muestra qué es lo que nos gusta, qué es lo que encontramos hermoso y qué es lo que hace que nos abramos a recibir el amor y la vida. Más allá de las dinámicas románticas y sexuales, Venus rige la amistad y el compañerismo. Tu Venus (el signo o la casa donde está, los aspectos) no solo indica por qué tipo de personas y cosas te sientes atraído, sino también cuál es tu manera de relacionarte, cómo manejas las relaciones independientemente de quiénes sean las personas que estén en la relación. Por ejemplo, alguien que tenga a Venus en Escorpio probablemente se protegerá emocionalmente, será algo intenso y controlador, y querrá ir a lo profundo en el terreno de las relaciones.

En la astrología tradicional, el planeta Venus también está asociado con los contratos, los acuerdos, la música, la pintura, la moda, la risa y el buen ánimo. Los individuos de tipo Venus suelen ser artistas visuales, músicos, modelos o diseñadores de interiores, o les atrae la estética. Son cualidades de Venus la simetría, el equilibrio, la armonía, la elegancia y la diplomacia. Un Venus fuerte induce una necesidad imperiosa de mantener la paz. El Venus que hay en cada uno de nosotros quiere sentirse bien, estar rodeado de belleza, comer comida deliciosa y estar en compañía de personas cálidas y encantadoras. Venus nos invita a disfrutar de los placeres sensuales y a saborear lo dulce. La vida debería ser fácil con Venus, nunca demasiado difícil. Incluso el tipo de cuerpo venusino es suave, curvilíneo y con hoyuelos.

Como a Venus le preocupan las apariencias y juzga qué es atractivo, le importa mucho el aspecto que tienen las cosas. Cuando nuestro Venus está activo, casi nos resulta insoportable tolerar lo que nos parece discordante o feo. Aquello indecoroso y que ofende al buen gusto nos hace sentir como cuando oímos el ruido de uñas sobre una pizarra: necesitamos que eso desaparezca por completo de nuestro entorno.

En la astrología evolutiva, Venus también representa las necesidades esenciales, el amor por uno mismo y la autoestima. Refleja aquello que valoramos más. En la mitología, Venus nunca hace nada para ganarse el amor; es digna de amor de forma inherente. Tener más dinero o un empleo mejor, o ser diseñadores de ropa, no llenará nuestro vacío si no creemos que ya somos valiosos, bellos y dignos tal como somos. No es que sea problemático querer cosas bonitas o trabajar duro para conseguirlas; solo ocurre que esto no resuelve ningún problema de autoestima que podamos tener.

La energía venusina es más corporal que mental. Es necesario sentir, tocar, ser tocado y asimilarlo todo para encarnarla. En el tarot, la carta de la emperatriz corresponde a Venus, y siempre se la representa embarazada. Venus es la creación de vida a partir de la unión, la cual puede producirse a través de la intimidad física o de cualquier asociación. Imagina una mezcla de colores en un lienzo o las notas de una canción, una pareja que baila o la reunión de la junta directiva de una empresa. Cada vez

que dos elementos o más se juntan en algún tipo de colaboración, Venus está presente.

LOS CICLOS DE LA LUNA Y VENUS

Ya sabemos que la Luna es el planeta que se desplaza más
rápido en el sistema solar, que cambia de signo cada 2,25
o 2,5 días y que completa su ciclo en 29,5 días. Venus permanece unos 30 días en cada signo y completa su órbita
alrededor del Sol cada 225 días. Venus se desplaza mucho
más despacio que la Luna, y su rotación es más lenta que la
de cualquier otro planeta del sistema solar. Tarda 243 días
terrestres en dar una vuelta completa sobre su eje. Además, solo está retrógrado el siete por ciento del tiempo,
menos que todos los demás planetas. Teniendo en cuenta todos estos datos, podemos ver que Venus refleja un
aspecto de nuestra naturaleza más estable, consistente y
asentado, mientras que la Luna, con su carácter temperamental, cambia constantemente, con su manera de hacer
fluida y caprichosa.

La relación entre la Luna y Venus se experimenta de
diversas formas en función de la persona, la fase de la vida
y las circunstancias. Solo para dejarlo claro antes de seguir
avanzando: no creemos que ningún planeta pueda definirse como masculino o femenino. Todo, incluidos nosotros,
los humanos, está hecho de energía masculina o yang *y*
femenina o yin. Se ha escrito mucho sobre la Luna como
arquetipo de la madre, y hablaremos de ello aquí, pero sus

rasgos característicos son aplicables a todo el mundo, sea cual sea su género.

La Luna simboliza la manera en que cuidamos de los demás, lo cual está vinculado a nuestra propia experiencia de la madre o de un padre/madre solícito cuando éramos criaturas dependientes. Con la Luna siempre hay necesidades subyacentes, y a veces negociamos para verlas satisfechas. Un niño no tarda en descubrir qué comportamiento le hará obtener besos o golosinas extras, y empiezan las transacciones. Hay una línea muy fina entre la madre y el infante en los primeros años, y cuando el bebé aún está en el útero, se encuentran en un mismo cuerpo, literalmente.

Venus es el arquetipo del amante. Venus no es afecto maternal, la necesidad de proteger y cuidar a alguien o la atracción por el amor jerárquico en un intento de remediar una infancia insatisfactoria. Venus es el aspecto romántico de atraer el objeto de nuestro deseo, solo porque lo queremos y queremos estar en una relación con él. En muchos sentidos, la Luna representa aquello con lo que nacemos y Venus aquello que elegimos para nosotros mismos.

En la carta natal, la fase de nacimiento personal que implica a la Luna y Venus nos ayuda a comprender la relación interior que tenemos con los sentimientos y las necesidades. Refleja dónde nos encontramos en la integración de nuestras necesidades más subjetivas e infantiles, de tipo lunar, con nuestro deseo de establecer asociaciones y experimentar el amor fuera de las viejas dinámicas familiares. La fase que conforman la Luna y Venus también nos ofrece una buena perspectiva de nuestro grado de desarrollo en cuanto a hacer compatibles las necesidades propias y las del conjunto. Además, podemos aprender mucho sobre la manera en que nuestra madre o nuestro padre/madre solícito interior está trabajando con nuestro amante interior. Podemos ver cómo la confusión entre estas dos figuras puede ser el origen de aspectos problemáticos en las relaciones. Cuando una relación romántica empieza liderada por el amante interior, puede dar un giro interesante cuando la «madre» toma el mando de repente.

La Luna es el cuerpo más brillante del cielo nocturno y Venus es el segundo. Ambos necesitan ser vistos, amados y plenamente recibidos. Imagina que son las luces que iluminan nuestro paisaje interior y enfocan aquello que hace feliz a nuestro corazón y a nuestro cuerpo. En última instancia, nos sentimos mejor cuando nos respetamos a nosotros mismos y damos valor a nuestras relaciones con los demás. Siempre habrá un rayo de luz que será uno mismo (el yo) y también hay uno para cuando estamos en una relación (el nosotros). Esta relación no es con otras personas solamente; también es con la vida misma.

CONECTAR EL YO CON EL NOSOTROS

Ahora que hemos explorado el gran territorio de la Luna y Venus, procedamos a ver cómo se manifiesta en las ocho fases la alquimia entre «el yo y el nosotros». Cuando la Luna y Venus se juntan, el yo emocional interior, representado por la Luna, está totalmente absorbido en el «otro» en el ámbito de las relaciones. Cuando dos planetas están en conjunción, es como si ellos mismos no se viesen como separados. En este caso, el yo *es* el nosotros. Es como si tuviese lugar una inmersión en la que el yo es anegado por el otro y el otro es anegado por el yo. No hay suficiente distancia entre ellos para que pueda producirse mucha observación ni pueda haber mucha objetividad. A medida que la Luna se aleja de Venus, esta situación cambia y es más fácil ver a la otra persona tal como es en realidad y disfrutar de complementarse el uno al otro como individuos únicos.

Cuando estudies tu fase entre la Luna y Venus, date tiempo. Presta atención a cómo vives y a lo que ocurre en tus relaciones ahora así como a los patrones que has cargado en el pasado.

La Luna siempre tiende a aportar a partir del instinto. La lógica no está nada presente en lo que a la Luna respecta. Pero Venus puede ser racional y realista. Puedes determinar qué planeta está llevando las riendas en tus relaciones según tus reacciones y exigencias. Si la relación te recuerda a tu madre o a tu padre o tú eres el único centro de atención, probablemente sea la Luna la que esté al mando. Si tiendes a tomar en consideración al otro primero y la cooperación y la armonía te importan más que ninguna otra cosa, probablemente sea Venus quien lleve la voz cantante. Venus, debido a su propia naturaleza, acepta y juzga a los demás en función de lo que ve y lo que encuentra atractivo. La Luna está siempre atenta al pasado e inconscientemente lo relaciona todo con vivencias emocionales y recuerdos a los que se aferra con las pinzas del cangrejo. Venus es más flexible que la Luna y ciertamente más elegante y accesible. A la Luna no le importa estar desaseada. Venus mantiene las apariencias y espera que su pareja haga lo mismo. Venus es refinado y no tiene problemas con ciertas reglas en las relaciones. Todo este ámbito de lo «apropiado» y «equitativo» es extremadamente incómodo para la Luna, que solo quiere lo que necesita y no le importa ser políticamente correcta. La Luna solo necesita lo que necesita. Punto.

Al Venus que hay en cada uno de nosotros le encanta elegir. No dejes que esos libra, cuyo planeta regente es Venus, te confundan. Incluso si evitan efectuar elecciones porque no quieren agitar las aguas o causar mala impresión, saben lo que quieren. La ejecución es un asunto completamente diferente. Venus elige a partir de lo que le gusta y lo que le desagrada, lo cual nos conduce a escoger a las personas con las que queremos relacionarnos; Venus determina quién merece nuestros esfuerzos y quién es valioso para nosotros. Comparado con la Luna, que está impulsada por necesidades instintivas, Venus es un poco más consciente y se concentra en las necesidades esenciales, lo cual requiere cierta deliberación y sopesar pros y contras. Podríamos comparar la Luna con un bebé de dieciocho meses y a Venus con un adulto de veintitantos años.

En las relaciones, a nuestra Luna no le importa si algo es justo; ni siquiera si tiene sentido. Nuestro Venus, aunque también se centra en el sentir, es reflexivo y sopesa las consecuencias y las opciones. Venus se compromete y su postura por defecto es siempre el nosotros. En el ciclo protagonizado por la Luna y Venus, cada fase es un paso en el proceso evolutivo de mezclar la relación que tenemos con nosotros mismos con las relaciones que tenemos con el mundo exterior. Es a través del espejo que son para nosotros los demás como nos hacemos más conscientes de cómo somos realmente, y el acto íntimo de ver a otra persona y que esa persona nos vea es un deseo humano fundamental.

LAS FASES DE LA LUNA Y VENUS

La fase protagonizada por la Luna y Venus en la que nacimos se refleja en nuestras relaciones, sobre todo en la que tenemos con nuestra pareja. Estas dinámicas son internas, pero las proyectamos afuera. Con los ejemplos que ponemos en las distintas fases ofrecemos algunas manifestaciones externas potenciales; reflejan cómo puedes sentirte respecto a tus relaciones personales y cómo puede ser que las experimentes.

FASE NUEVA (ENTRE 0 Y 45 GRADOS DE DISTANCIA) Y LA NUEVA CONJUNCIÓN

Esta fase induce una sensación de logro en el sentido de que hemos encontrado a una persona con la que podemos llevarnos bien. Normalmente los dos individuos implicados están impacientes por entrar en contacto el uno con el otro ya que existe una profunda conexión entre ambos, independientemente de cuál sea la naturaleza de la relación. En la fase nueva, la motivación de conocerse mutuamente es mayor que en ningún otro período. Esto suele indicar el inicio de una nueva relación, si bien las fases siguientes determinarán si supera la prueba del tiempo.

En la conjunción de la fase nueva con Venus, la Luna es la parte más personal de la relación, y es importante que ambos individuos respeten la exclusividad de la unión. Es probable que quienes hayan nacido con la Luna y Venus en la fase nueva gocen de una conexión cercana, personal, y sientan la necesidad de una privacidad extrema respecto a los asuntos del ámbito de la relación. Puede instalarse una calidez bastante profunda entre las dos personas durante este período. Normalmente, las sensaciones internas en cuanto a la relación son positivas, lo que podría animar a pensar en llevar las cosas al siguiente nivel.

Venus pone reglas racionales en la mente de la persona en las relaciones. Si bien está muy satisfecha con el carácter plácido de la relación en este estadio inicial, su forma de ser la induce a juzgar si verá satisfechas sus necesidades: ¿le aportará seguridad física la relación?

¿Estabilidad emocional? Tanto la Luna como Venus son presa de los sentimientos, pero Venus adopta un enfoque más lógico. En esta fase, ciertamente se espera que estén presentes la compasión y la empatía mutua; el problema es que no hay mucha distancia entre el yo y el nosotros, de resultas de lo cual la perspectiva es muy poco objetiva. Es fácil perder la propia identidad en la relación, y como Venus es el planeta que se desplaza más despacio, la relación casi puede acabar con el ritmo individual representado por la Luna. También es difícil ver y valorar a la otra persona tal como es en realidad.

Durante esta fase, suele ser fácil hacer que la otra persona se sienta bien, ya sea la pareja, un hermano, un amigo o un familiar. La compasión atrae a todas las personas y hace que se sientan mejor. Estamos hablando de dos planetas personales que expresan receptividad, y es imperativo comprender que esta fase resalta la actitud empática que suele ser innata en nosotros en alguna medida. Quienes se inscriben en la fase nueva entre la Luna y Venus normalmente desean establecer un entorno doméstico confortable, lo cual atrae a otras personas que están buscando un lugar hermoso y acogedor al que pertenecer.

FASE CRECIENTE (ENTRE 45 Y 90 GRADOS DE DISTANCIA)

Durante esta fase, la persona toma la iniciativa de forma natural y consciente y se esfuerza por construir la relación. Al alejarse de Venus una cantidad considerable de grados, la Luna adquiere más las cualidades del signo en el que se encuentra y empieza a desmarcarse de la influencia de Venus. Venus aún mantendrá una posición preponderante, pero la independencia de la Luna se vislumbrará aquí y allá.

Cuando la Luna quiere algo, sus necesidades no están respaldadas por argumentos, al contrario de lo que ocurre con Venus. Venus racionaliza muchos aspectos de la vida que tienen que ver con las relaciones, mientras que la Luna tiende a no mirar fuera de sí misma para encontrar sentido a las cosas. La Luna se limita a perseguir los deseos del corazón en lo que a las relaciones se refiere. En esta fase, puede producirse una tensión considerable entre las necesidades personales y las exigencias de la relación o de la otra persona. Venus trata de mantener el «nosotros» a toda costa, por lo que el individuo puede tener que luchar para conseguir el suficiente espacio para honrar y nutrir su Luna.

En la fase creciente entre la Luna y Venus, la persona realmente quiere encontrar oportunidades y ocasiones de conectar con el otro, pero aún no está segura de lo que es «conectar» o no sabe cómo hacerlo con éxito. El factor de la confianza empieza a estar presente en esta fase, a medida que un incremento de la conciencia objetiva va revelando motivaciones y comportamientos que pudieron pasarse por alto durante la fase nueva. Siempre hay un pensamiento indescriptible en la mente que añade una pizca de realidad a la dinámica de la relación y a los dos compañeros en sí. Esta fase tiene un componente terrenal, que motiva al individuo a asegurarse de que sus relaciones tengan el potencial de convertirse en algo fuerte y dotado de un propósito. Hay viejos patrones que dificultan el avance, pero se pueden superar. En general, la persona cada vez tiene más claro qué es lo verdaderamente necesario y qué habrá que hacer para conseguirlo.

Venus tiene un papel principal en lo que respecta al principio de satisfacción. También es la parte de nosotros que juzga si una relación es satisfactoria. No nos estamos refiriendo a la satisfacción física solamente; a menudo hay cierta confusión en este punto. Venus tiene una visión más racional en este caso, que incluye la satisfacción emocional, el apoyo moral y la seguridad. A largo plazo, el amor, el apoyo y la verdadera amistad son la columna vertebral de las relaciones satisfactorias. Pero la satisfacción emocional y la sensación de contar con un fuerte apoyo moral se desarrollan a lo largo de un período de tiempo, y en la fase creciente este grado de maduración suele ser una idea todavía; aún no se ha alcanzado plenamente.

FASE DEL PRIMER CUARTO (ENTRE 90 Y 135 GRADOS DE DISTANCIA)

Como siempre, el primer cuarto es una fase orientada a la acción y marcada por la decisión en la vida de las personas, sobre todo en lo que respecta a las relaciones y la atracción sexual. Durante la fase del primer cuarto protagonizada por la Luna y Venus, siempre se produce una intensificación de la atracción física en varias etapas de las relaciones. Es posible que la relación no haya evolucionado hasta el punto de ser algo totalmente realista por el momento, pero la medida de la satisfacción es el amor experimentado durante el tiempo que llevan juntas las dos personas. Puede haber un apego excesivo al compañero y posesividad, incluso hasta un grado dramático. Puede llegarse a un extremo insoportable, con cambios de actitud que pueden ser egocéntricos, junto con una constante necesidad de atención.

Si bien el factor de la atracción es como un imán en la fase del primer cuarto, es mucho más difícil lidiar con las situaciones que en las dos fases previas, porque la implicación emocional es mayor. Esta fase puede resultar ser una etapa decisiva en la vida en cuanto a las relaciones y los desenlaces naturales. Si esto se percibe como positivo o negativo depende en gran medida de la persona y de otros factores observables en la carta natal. Si la Luna o Venus no afrontan unas dificultades astrológicas significativas, las relaciones tienden a seguir adelante con pocas interrupciones o ninguna.

Al estar alejándose de Venus la Luna, es difícil desprenderse de las cualidades, emociones y experiencias durante el viaje de la Luna a través del Zodíaco (desde la conjunción con Venus en la fase nueva hasta la fase del primer cuarto). A estas alturas, la Luna y Venus ya tienen un recorrido y unas vivencias en común y la Luna está lo bastante lejos de Venus como para ver el pasado con mayor claridad. Es un poco conflictivo, sin embargo, elegir entre las necesidades de la Luna y las de Venus, lo cual da la posibilidad de explorar muchas cuestiones psicológicas. Esta es una fase de amor intenso y experiencias importantes entre los compañeros que suele conducir a un salto enorme hacia la próxima etapa de cualquier relación.

FASE GIBOSA (ENTRE 135 Y 180 GRADOS DE DISTANCIA)

La fase gibosa está marcada por Virgo, y con este signo llega la compulsión de hacer las cosas lo más perfectamente posible, hasta el mínimo detalle. Está presente, de forma natural, la capacidad de saber qué necesitan los demás y están también la dedicación y el compromiso para hacer que las relaciones funcionen. Esta puede ser una fase muy buena para todas las cuestiones que tengan que ver con la satisfacción y la felicidad en el ámbito personal, porque el individuo suele estar dispuesto a hacer lo que haga falta para mejorar las cosas.

La mayoría de las expectativas que se tienen respecto a la relación se cumplen durante esta fase. Antes de la oposición (la fase llena) las emociones no suelen ser nada estridentes, lo cual da lugar a una frecuencia agradable entre las personas. Los individuos expuestos a esta fase están mucho más abiertos que antes a escuchar las ideas de los demás, y el hecho de valorar los pensamientos y sentimientos respectivos tiene la virtud de fortalecer los vínculos. Las personas nacidas en esta fase suelen tener amistades que prosperan; está claramente presente una sensación de fraternidad y los demás se sienten bien estando con ellas, pues se sienten acogidos. Estas personas se centran en superar los límites con el fin de que culmine el encuentro entre el yo y el nosotros. Es importante tener en cuenta que la configuración entre un astro que emite una luz suave (la Luna) y un planeta benéfico por naturaleza (Venus) fomenta la sumisión ocasional. Esta característica atenúa la tendencia a una agresividad o una dominación excesivas; es una de esas cualidades que cambian las reglas del juego, pues estimula el sentimiento de cooperación y pertenencia en los demás.

Venus sigue siendo más fuerte que la Luna en la fase gibosa e impone algunos de sus valores en las relaciones: la justicia entre los miembros, que cada cual haga su parte y el trabajo conjunto en armonía. A estas alturas del ciclo, el individuo es más consciente del verdadero grado de progreso en sus relaciones. Se le escapan menos indicios y señales y es menos probable que idealice en exceso a la otra persona. Este espíritu práctico lo conduce a tomar decisiones que favorecen su crecimiento personal y la evolución de sus relaciones.

FASE LLENA (ENTRE 180 Y 225 GRADOS DE DISTANCIA) Y LA OPOSICIÓN

La fase llena trae conciencia, que está representada por la oposición. En este punto del ciclo, la Luna y Venus pueden mirarse con objetividad, como si estuviesen sentados de frente a los dos lados de una mesa. En el campo de las relaciones, la persona está más dispuesta a aceptar al otro tal como es y espera lo mismo a cambio. En esta fase se alcanza la madurez en el equilibrio entre las necesidades personales y las necesidades de los demás, y lo que es mejor para las relaciones. Puede haber cierto tira y afloja entre el yo y el nosotros, pero el objetivo es la paridad. En la relación de pareja, ambos se respetan mutuamente y se esfuerzan por complementarse. Hay una actitud similar hacia la sociedad, que conduce a la cooperación, el compromiso y el trabajo en equipo eficaz.

Una de las dificultades en la fase llena es la tendencia a proyectar. Esta es la fase del «espejo», y si la persona no asume el reflejo, es fácil que eche las culpas al otro. Las partes no integradas del yo pueden verse en otros individuos o como problemas ajenos. Si la persona no se da cuenta de que cada ser humano es diferente y espera que los demás tengan un enfoque y una actitud similares a los suyos, el riesgo de que se sienta abatida y utilizada es alto. Se anhela reciprocidad, pero no siempre es fácil determinar qué es lo justo en el terreno de los asuntos del corazón. En general, en esta fase hay muchas ocasiones de ver cómo el yo se manifiesta en el nosotros, y viceversa. Tal vez por primera vez, esta fase aporta la comprensión de que las polaridades son dos perspectivas o posiciones dentro del mismo campo de energía.

Incluso en una relación sólida con personas maduras, se pueden pasar por alto pequeños problemas o desigualdades. En un esfuerzo por hacer lo correcto en la relación, apaciguar al otro y mantener todo en orden, se pueden descuidar las necesidades emocionales y de tipo infantil del individuo. Con el tiempo, las personas que se encuentran en la fase llena protagonizada por la Luna y Venus pueden darse cuenta de que no pueden aceptar los términos de la relación. Aunque esta es una fase de colaboración e integración, es necesario que se revise la realidad, porque tanto la Luna como Venus funcionan por sí mismos desde sus respectivas posiciones. Venus trata de racionalizar las expectativas y el avance de la relación, mientras que la Luna es bastante consciente de lo que necesita, aunque tal vez no tenga ni idea de cómo expresarlo. La clave consiste en hacer que estos dos planetas sean aliados en lugar de oponentes. Uno no tiene que renunciar a sí mismo por el otro.

FASE DISEMINADA (ENTRE 225 Y 270 GRADOS DE DISTANCIA)

Habiéndose superado la oposición, esta fase refleja una etapa de madurez incluso mayor, en que la persona adopta un enfoque más filosófico hacia las relaciones y quiere hacer una contribución personal a la sociedad a través de estas. Se produce un gran cambio entre la fase gibosa y la diseminada, porque la relación entre la Luna y Venus es considerablemente diferente. Antes de la oposición, Venus dictaba términos a la Luna de alguna manera, pero una vez que se ha superado este punto, la Luna empieza a tomar el control. En la dinámica entre el yo y el nosotros, el yo es más fuerte y más capaz de valerse por sí mismo y de conservar su identidad en la unión constituida por el nosotros. La tendencia de Venus a aplicar la razón a las relaciones ya no prevalece frente al poder de las corrientes emocionales subterráneas de la Luna.

En el ámbito de la relación de pareja, las expectativas tendrán más que ver con la satisfacción emocional y la seguridad. Las necesidades emocionales también se satisfacen de manera individual, sin que se espere que el compañero haga que todo esté bien. Una verdadera señal de que se está en una relación madura es la ausencia de dependencia y la elección expresa y continua de permanecer juntos. Este tipo de relación se basa más en el deseo de tenerla que en la necesidad de tenerla. Lo mismo se aplica a los amigos y a las interacciones con personas en la vida diaria. La atención al otro y el amor por el otro no están en entredicho; son evidentes. Las emociones son completamente naturales, y en la fase diseminada la Luna puede generar algunos sentimientos y reacciones fuertes que Venus puede considerar molestos, desagradables o dramáticos. Pero a la Luna no le importa; ¡el corazón no juega según estas reglas!

El entorno y las condiciones de vida pueden tener mucha importancia durante esta fase. A menudo, la persona se apega a vivir con alguien en un lugar específico, y el espíritu del lugar importa. La Luna tiende a dar forma y vida a cuestiones que antes no parecían ser importantes. Las cosas simples son más significativas, no porque sean necesarias para triunfar en la vida, sino porque aportan felicidad y satisfacción. Las vibraciones del entorno se absorben enseguida, por lo que es importante elegir lugares y personas que tengan una frecuencia positiva, elevada.

FASE DEL ÚLTIMO CUARTO (ENTRE 270 Y 315 GRADOS DE DISTANCIA)

La fase del último cuarto está asociada a una crisis de conciencia, porque aporta el potencial de hacerse consciente de lo que no está funcionando y lo que tiene que cambiar. En el terreno de las relaciones, esto puede manifestarse como la comprensión repentina de que lo que parecía ir bien es superficial y poco auténtico. El contraste entre el ideal y la realidad se vuelve insoportable. La persona tiene que dar pasos para vivir según aquello en lo que cree. Es necesario asumir la responsabilidad por acciones que incluyen elecciones de los compañeros y los patrones de relación.

Al estar alejándose aún más de Venus la Luna, el yo interior quiere que lo vean. Si el yo había sido devorado por el nosotros en las relaciones, la persona tendrá un fuerte deseo de establecerse y definirse como individuo.

Venus no está dictando condiciones y la Luna se impone. Esto significa que las emociones son más profundas de lo habitual, pero hay un grado de honestidad respecto a las relaciones y la capacidad de verse a uno mismo en un contexto más amplio. Al estar más lejos de Venus la Luna, la conexión física adquiere más importancia. El contacto físico ayuda a mantener un vínculo emocional fuerte durante esta fase si las personas quieren permanecer juntas. La fase del último cuarto tiene que ver con liberarse del pasado, y como tanto Venus como la Luna son planetas suaves, un poco de ternura en el proceso tiene un gran efecto. Los cambios no son fáciles, y cuando impactan en nuestros aspectos más personales y en la conexión que tenemos con las personas a las que amamos, son aún más duros. La fase del último cuarto reclama visión, ya que está en cuestión todo lo que se entiende por «yo» y «nosotros».

A causa del papel de la Luna, otra posibilidad durante la fase del último cuarto protagonizada por la Luna y Venus es el apego sentimental a cualquier persona muy próxima al individuo. Si bien esto puede resultar atractivo para el otro en las etapas iniciales de la relación, puede ser difícil de gestionar cuando irrumpen las emociones. Es importante tomar conciencia de cómo quieren y necesitan recibir afecto, cuidados y atención los demás, pues a veces lo que parece ser amoroso le parece excesivo o invasivo a la otra persona. Ser consciente de este tema y respetar los límites es indicativo de respeto por los demás y por uno mismo, además de que fomenta un espacio saludable y que no se produzcan agobios en el terreno emocional.

FASE BALSÁMICA (ENTRE 315 Y 360 GRADOS DE DISTANCIA) Y LA CONJUNCIÓN BALSÁMICA

Esta es una fase muy complicada, en la que siempre hay algún tipo de secreto asociado con la persona. Hay muchas posibilidades de que se den aventuras fuera del ámbito de la pareja. La fase balsámica protagonizada por la Luna y Venus indica el fin de un determinado vínculo emocional y de la conexión física con alguien. Si esto supondrá o no el inicio de algo diferente dependerá de varios factores y diversos aspectos de la carta natal, si bien lo habitual es que el nuevo comienzo acontezca durante la conjunción de la fase nueva. A las personas les puede resultar difícil hacer que las cosas funcionen con el tipo adecuado de individuos durante esta fase. También es fácil que se dejen llevar por deseos de tipo material.

En combinación con otros aspectos complicados que pueda haber en la carta natal, esta fase protagonizada por la Luna y Venus puede llevar a adicciones y otros padecimientos que pueden situar a la persona en un camino problemático en la vida. Por otro lado, la fase balsámica también puede indicar el fin de una relación que ha sido difícil durante mucho tiempo. Esta fase marca el final de la tolerancia en este tipo de relaciones, y esto puede ser aplicable a amistades o incluso al ámbito laboral. Las expectativas no realistas por parte del otro pueden ser problemáticas para la persona. Durante esta fase, es probable que esta llegue al punto de no estar dispuesta a seguir tolerando estas expectativas y está claro que se va a llegar a un final, al menos en el ámbito psicológico. Casi siempre hay implicadas emociones difíciles.

La fase balsámica entre la Luna y Venus está asociada asimismo a una presencia discreta en varias situaciones. La necesidad de conexión emocional se siente internamente. El impulso de cuidar del propio yo siempre está presente durante esta fase, pero la atención y la compasión hacia los seres queridos también son importantes, sin duda. Queda patente que hay muchos elementos en la oscuridad, y problemas con las relaciones de tipo emocional que están enterrados bajo la superficie se pueden analizar en profundidad con el fin de resolverlos. La preponderancia de la Luna en esta fase fomenta la impresión de que los asuntos son de interés propio y no tienen mucho sentido para los demás, pero el único objetivo al abordarlos es mejorar las relaciones.

Es necesario reflexionar sobre cómo llevar las cosas adelante con un mayor equilibrio entre el yo y el nosotros; no es fácil, pero hay que tener éxito a este respecto. Llegar al final de un ciclo siempre es indicativo de que estamos buscando continuamente qué viene a continuación. Esto no significa necesariamente el fin de nuestra relación actual ni de nuestras emociones actuales. Pero sí es un período marcado por una energía fuerte en el que se dedica mucha actividad introspectiva a averiguar las respuestas a varias preguntas que tienen que ver con el yo y el nosotros. Al final de un ciclo, nos estamos preparando constantemente para el futuro. Estamos decididos a asegurarnos de que todo vaya a ir bien en la próxima etapa, sea lo que sea lo que nos aguarde. Al fin y al cabo, cada fase es una experiencia en la vida. Esta fase final nos sitúa en el camino de la transición constante, en la que siempre estamos buscando algo mejor, siempre con el «nosotros» en el corazón y la mente.

CINCO

La Luna y Marte: conectar la reacción con la acción

En la práctica espiritual se pone mucho el acento en la mente superior, los ámbitos elevados y los chakras superiores. Desde el punto de vista astrológico, estos aspectos corresponden a Júpiter, Urano y Neptuno esencialmente. La realización plena de nuestro yo incluye estos aspectos elevados, sí, pero no acontecerá si descuidamos la mente inferior y los ámbitos y chakras inferiores. Además, lo «superior» no es mejor que lo «inferior».

Cuando manifestamos nuestra Luna y nuestro Marte en su expresión más saludable, adquirimos estabilidad emocional, estamos a gusto en nuestro cuerpo y somos capaces de responder a cualquier circunstancia que nos lance la vida. Actuamos por cuenta propia y satisfacemos nuestras propias necesidades. Es vital que tengamos un fuerte sentido del yo y mucha energía para seguir adelante en cualquier ámbito en el que actuemos. Esencialmente, todo empieza con la Luna en relación con Marte; si esta base no es sólida, no importará lo arriba que intentemos trepar. Cuando los cimientos o las raíces no pueden sostener lo de arriba, todo acaba por derrumbarse. Por lo tanto, la relación que mantienen tu Luna y tu Marte merece tu atención. Si estás interesado en seguir el deseo de tu corazón, Neptuno no va a irrumpir y llevarte ahí. Es a través de tu Luna (tu corazón) y tu Marte (tu deseo) como no solo vas a encontrar este propósito, sino que además lo vivirás.

UNA PEQUEÑA HISTORIA SOBRE LA LUNA Y MARTE

En los pueblos de la India típicos, los matrimonios aún siguen unos procedimientos muy tradicionales y ortodoxos. Los padres de la novia y el novio buscan la pareja perfecta para su hija y su hijo consultando a todos los ancianos de la familia. Una vez que las conversaciones previas han terminado, los padres intercambian el horóscopo de la pareja. Sí, confirmar la sinastría* astrológica es de primordial importancia en la India antes del matrimonio. Un astrólogo examina la carta de cada uno de los

---

* N. del T.: La sinastría es un análisis del grado de compatibilidad entre dos personas a partir de lo que refleja la carta natal de cada una de ellas.

miembros de la pareja cuyo matrimonio está previsto y concluye si su vida conyugal será feliz. Si cualquiera de las dos familias (la de la novia o la del novio) no está satisfecha con la conclusión del astrólogo, el caso queda cerrado: la boda no va a tener lugar y ambas familias empiezan a buscar de nuevo. ¡De vuelta a la casilla de salida!

Pongamos un ejemplo. Un chico se enamora perdidamente de otro chico, que también siente lo mismo por él. Si establecen una relación sin tener en cuenta si son compatibles desde un prisma objetivo, lo cual pueden averiguar buscando el consejo de un astrólogo por ejemplo,* hay muchas menos probabilidades de que el matrimonio vaya sobre ruedas. Es muy posible que terminen separados e incluso divorciados. Basta con que echemos un vistazo a las tasas de divorcio de Estados Unidos para ver que esto es así. No queremos entretenernos a tratar las razones por las que determinados matrimonios tienen éxito ni a dar argumentos sobre lo que se debe o no se debe hacer en *cualquier* relación; nos saldríamos demasiado de la temática de este libro. Pero necesitamos algo con lo que trabajar para desarrollar el ejemplo, por lo que sí analizaremos el caso concreto de esta pareja hipotética.

Pongamos por caso que los dos chicos quieren casarse y están dispuestos a afrontar cualquier problema, pero que los padres de ambos hacen todo lo posible para

---

* N. del T.: En este punto, los autores incluyen entre paréntesis la palabra *guiño*, para dar a entender que son astrólogos a los que se puede consultar.

separarlos, por motivos culturales. ¿Qué papel tienen la Luna y Marte en todo esto?

La pareja quiere casarse contra viento y marea. Este es el lado lunar de la pareja. No quieren sacrificar su unión por nadie. Son muy testarudos. Este es un rasgo lunar fuerte, ya que la Luna limita nuestra visión y nos hace ver lo que queremos solamente, sin pensar mucho en otros condicionantes que podrían influir en la situación. La pareja tiene aguante, y la capacidad de ambos de afrontar las consecuencias de su elección de vivir una vida juntos es un rasgo marcial. La capacidad que tienen de sujetarse a sus planes y afrontar sus problemas sin ceder ante los sentimientos y la desaprobación de otras personas es una cualidad que resulta de la interrelación entre la Luna y Marte. Si esta resolución tiene éxito a largo plazo, la independencia y la seguridad emocional habrán vencido. Los dos han asumido el riesgo de dejar atrás el pasado y seguir el dictado de su corazón, y están juntos en esta empresa.

Los padres, por su lado, quieren detener a la pareja y eligen con quién se van a casar sus hijos. Quieren sujetarse a las costumbres y los procedimientos de sus respectivas familias. En este caso, hay mucho orgullo. Para los padres, está en juego su dignidad; les preocupa mucho perder el respeto de la sociedad. Desean conservar su dignidad y no están dispuestos a perderla cueste lo que cueste; esta terquedad es una cualidad de la Luna. También es una postura egoísta, y la Luna representa el ego humano. La idea de sujetarnos egoístamente a lo que queremos, dictada por el ego, puede dominarnos. El caso es que mostramos este comportamiento una y otra vez en varias situaciones a lo largo de nuestra vida. Por muy conscientes que creamos que somos, a menudo son los demás los que notan nuestro comportamiento egoísta y ensimismado, mientras que nosotros no lo advertimos. Los actos que puedan llevar a cabo los padres para evitar que la pareja se case son de carácter marcial, porque están respaldados por la necesidad concreta de que se dé una determinada situación y están influidos por sus deseos. Tanto en el caso de la pareja como en el de los padres, podemos ver que los deseos y necesidades personales dirigen el espectáculo. Esta es la forma de proceder del binomio Luna-Marte.

MARTE: LA INICIACIÓN Y EL DESEO VERDADERO

Marte es el último de los planetas interiores después de la Luna, el Sol, Mercurio y Venus. Incluso en el sistema solar, está ubicado en una zona intermedia interesante; desde una perspectiva geocéntrica, es un punto de transición entre los planetas interiores y los planetas exteriores. Marte está listo para mirar y marchar adelante. Nos proporciona valentía para mirar más allá de nuestra zona de confort. Aporta la característica de la individualidad al ser humano, aunque este pueda verse obligado a cumplir órdenes a veces. Marte nos ayuda a expresarnos de forma temperamental en situaciones extremas y representa nuestra iniciativa y nuestras agallas.

Desear alcanzar una meta en un camino específico imbuidos de autoafirmación es el rasgo marcial clásico que impulsa nuestra vida hacia delante. Tomar medidas respecto a algo con asertividad es una cualidad que Marte nos inculca. Marte representa los rasgos activos en los seres humanos, es decir, el hacer humano. El símbolo de Marte es un pequeño círculo con la base de una flecha conectada al límite exterior del círculo. La flecha está saliendo del círculo, lo que simboliza la ruptura de la contención, como cuando un bebé abandona el útero. Indica directamente ir adelante en una determinada dirección para hacer algo. Marte es un planeta de separación. Sus manifestaciones no son siempre las historias de las que nos alegramos. La ira, la impaciencia, la incapacidad de pensar primero y la lujuria son solo algunos de los disfraces que usa Marte. Pero todos necesitamos perseguir nuestras pasiones, vivir nuestra propia vida y hacer nuestras cosas. Marte nos ayuda a levantarnos y defendernos por nosotros mismos. Y las experiencias marciales pueden ser las más efectivas para enseñarnos algunas lecciones rápidas sobre la vida y nosotros mismos.

LOS CICLOS DE LA LUNA Y MARTE

Marte tarda seiscientos ochenta y seis días terrestres en dar una vuelta completa alrededor del Sol. En su movimiento normal, tarda unos cuarenta y cinco días en pasar por un signo del Zodíaco. Es muy poco habitual que Marte esté retrógrado; el porcentaje de cartas natales en que Marte está retrógrado se sitúa solamente entre el siete y el diez por ciento. De todos los planetas, Marte es el que está retrógrado con menor frecuencia, lo cual es muy apropiado para el planeta de la acción y el desplazamiento hacia delante.

Para cuando Marte haya pasado por un signo del Zodíaco, la Luna habrá culminado una lunación y media. Durante este tiempo, el estado de ánimo y los sentimientos de la persona reciben varias influencias, y experimentamos emociones como felicidad, tristeza, aversión, miedo, sorpresa e ira en distintos grados o intensidades. El desafío es estabilizar las emociones y mantener la mente clara para abordar lo que haya que tratar de inmediato en la vida con el equilibrio adecuado entre acción y reacción. La Luna solo se encuentra a medio camino de un ciclo de lunación cuando Marte pasa al signo siguiente, lo cual significa que Marte entra en un territorio nuevo antes de que la Luna haya completado su ciclo. Para la Luna, los cambios son amenazadores. Metafóricamente, todo esto muestra que Marte es el que cambia las reglas, al ir adelante mientras la Luna aún está tratando de terminar lo suyo: Al trabajar con las fases protagonizadas por la Luna y Marte, aprendemos sobre estas fuerzas en nosotros mismos y sobre cómo pueden confrontarse o colaborar.

El viaje de la Luna a través de los signos del Zodíaco hace que actuemos bajo múltiples influencias, que todos exhibimos como reacciones en situaciones de la vida real. La acción no cesa, si bien no deja de ser modificada por las diversas experiencias que tenemos en el transcurso del tiempo. Todas estas experiencias culminan en reacciones, que acaban por tener un efecto en nuestra forma de actuar. Se trata de un ciclo que se puede entender mejor si se examina la relación entre la Luna y Marte.

CONECTAR LA REACCIÓN CON LA ACCIÓN

Al hablar de la Luna y Marte estamos hablando de un lado sensible y un lado duro de los seres humanos. Estamos tratando sobre lo que sentimos y lo que hacemos. Básicamente, lo que sentimos es lo que hacemos, y esto es acción. Y la forma en que nos sentimos respecto a lo que hemos hecho es reacción. La reacción no solo tiene lugar en respuesta a lo que hemos hecho o lo que estamos haciendo; fundamentalmente es nuestra respuesta a una acción. Cada acción tiene su propia reacción. Desde este punto de vista, consideramos que la Luna es sinónimo de reacción y Marte sinónimo de acción. Si pensamos en ello nos daremos cuenta de que nos pasamos casi toda la vida actuando y reaccionando, lo que significa que la Luna y Marte constituyen una parte inseparable e integral de la evolución humana. Los puntos en común entre Venus y la Luna están más alineados, porque ambos planetas tienen rasgos similares. En cambio, la naturaleza de Marte y la de la Luna contrastan mucho, y es maravilloso ver cómo coexisten ambos dada esta circunstancia. La vida reside en la diferencia, y la Luna y Marte prosperan en ella. Si miramos bien, encontraremos que cada situación de nuestra vida está animada por la Luna y Marte.

Marte es energía, y la Luna, el catalizador de esta energía. Puede parecer absurdo considerar que la Luna es un catalizador de energía cuando esta es un rasgo marcial fundamental, pero exploremos este asunto. La Luna es reacción y Marte es acción. Todos actuamos a partir de algo, y este algo puede ser cualquier cosa. Pero la actitud que hay tras la acción pertenece al ámbito de la Luna. La Luna toma la motivación de Marte y, metafóricamente hablando, enciende el fogón; pone en acción este fuego. Por lo tanto, cualquier escenario dado lo siente primero la Luna internamente. La ubicación de la Luna en la carta natal indica claramente cómo percibe los escenarios de la vida la persona y cómo reacciona ante ellos. Por ejemplo, hay muchas diferencias entre la Luna en Aries y la Luna en Escorpio. La Luna en Aries aporta una sensación de impulsividad y vigor que no atenúa su actitud dominante. Las personas nacidas con la Luna en Aries pueden ser muy efectivas cuando afrontan alguna dificultad. Están abiertas a aceptar desafíos, pero con las ideas claras. En cambio, las personas nacidas con la Luna en Escorpio pueden albergar inseguridades y temer perder el control. Son muy sensibles y siempre están librando una batalla para equilibrarse entre los extremos, ya sean el amor o el odio. Tienen unos sentimientos muy intensos.

Las reacciones individuales a situaciones de la vida concretas varían según la ubicación de la Luna en la carta natal; dicha ubicación determina qué es lo que dicta la Luna en el aspecto psicológico, y esto determina el carácter de las acciones (es decir, de Marte). Una persona que tenga a Marte en Cáncer (signo regido por la Luna) puede tener un carácter impredecible y puede ser que actúe agresivamente en circunstancias inesperadas e indeseadas. *Indeseadas*, sí. Cuando el vehemente Marte es situado en un entorno emocional, como Cáncer, a la persona puede costarle navegar por el mar de los sentimientos, las necesidades, las emociones y el confort. Marte quiere entrar en el campo y chutar la pelota entre los tres palos de la portería. Quedarse esperando no es una característica marcial, pero Cáncer es cauto y raras veces aborda algo directamente. En consecuencia, los actos de una persona que esté bajo estas influencias pueden manifestarse de maneras que supongan un desperdicio de energía. A quienes tienen la Luna en Cáncer puede costarles mucho canalizar su energía de la mejor manera. Tienden a esperar o retirarse cuando sería el momento de actuar y a excederse con cuestiones que no requieren tanto esfuerzo.

Todos tenemos nuestra idiosincrasia. El hecho de saber cómo funcionamos y cuál es nuestra configuración nos ayuda a utilizar mejor nuestra energía. Equilibrar las acciones y las reacciones a partir de la relación que mantienen la Luna y Marte te permitirá comprender mejor todo lo relativo a aceptar la combinación de la acción y la reacción en tu vida.

LAS FASES DE LA LUNA Y MARTE

El ciclo protagonizado por la Luna y Marte tiene algo de amorfo. Tal vez esta es la razón por la que encontrarás mucho material escrito sobre estas fases. Vamos a proporcionar ideas sobre algo que se comprende mejor a través de los sentimientos y la experiencia.

FASE NUEVA (ENTRE 0 Y 45 GRADOS DE DISTANCIA) Y LA NUEVA CONJUNCIÓN

Cualquier conjunción entre planetas en la fase nueva es como si dos partes de uno mismo se juntasen o tuviesen una conversación por primera vez. La palabra *nueva* da a entender algo que no ha ocurrido antes, o al menos no de la manera que está ocurriendo ahora. Cuando la Luna (la parte de nosotros más profundamente apegada a la seguridad, la historia y las necesidades emocionales) se encuentra con el errático y avasallador Marte, va a haber algún tipo de conflicto. La Luna quiere sentir que pertenece a algo. ¿Qué sucede cuando está agarrada del brazo a Marte, que no quiere otra cosa que ser libre y hacer su propio camino? Marte es el arquetipo de la separación. La Luna está tradicionalmente asociada a las diosas madres y al misterio del que todos venimos. Como planeta y astro luminoso vinculado al elemento agua, la Luna quiere homogeneizar o unificar. Se relaciona a través de la igualdad y busca similitudes entre sí misma y los demás. Marte es un planeta agresivo, absorbido por la necesidad de desarrollar su propia identidad. Su elemento es el fuego, lo cual hace que sea competitivo y retador. Quiere ser diferente y se alegra de las diferencias. En esta fase, la vieja identidad a la que nos hemos apegado debe encontrar nuevas raíces en una nueva dirección.

Marte, como planeta que se desplaza más despacio, cuenta con un territorio mayor, al menos al principio. Marte presiona a la Luna para que haga algo diferente, y esta, de forma instintiva, lo recibe como un ataque. Es habitual que las personas que se inscriben en esta fase contengan mucha ira en su interior y hacia sí mismas. Al regir la Luna el estómago y la digestión, ello puede derivar en úlceras y todo tipo de problemas digestivos. Todo lo relacionado con la Luna tiene que ver con las emociones, por lo que los sentimientos de enojo, los recuerdos molestos, la ingesta emocional y la reactividad incrementada son habituales. Es fácil etiquetar como «malo» todo esto, pero Marte solo está usando sus poderes para movilizar las cosas. A veces requiere mucho esfuerzo sacar a la Luna de su zona de confort, y a Marte no le gusta recibir un «no» por respuesta.

Las personas sujetas a esta fase están cargadas desde el punto de vista emocional. Siempre que dos planetas están en conjunción parecen operar como uno solo, lo cual significa que es difícil distinguir el uno del otro.

Sirviéndonos de la Luna y Marte como ejemplo, la persona puede no ser consciente de si está reaccionando o siendo proactiva. Tanto la Luna como Marte son planetas defensivos, pero por razones diferentes. La Luna protege lo conocido; hace que todo permanezca igual. Marte protege la independencia y la llamada que siente la persona a hacer lo necesario para cumplir un propósito mayor. En el ámbito doméstico, Marte se manifiesta como el adolescente que quiere salir de casa y la Luna aparece cuando algo sale mal y el adolescente quiere volver corriendo a casa. La fase nueva protagonizada por la Luna y Marte está asociada al empoderamiento del yo para que se arriesgue y siga su propio camino. Será necesaria cada pizca del valor, la fuerza y el avance imparable de Marte para dar la vuelta a las dinámicas del pasado, y la mayor batalla que librará la persona será consigo misma.

FASE CRECIENTE (ENTRE 45 Y 90 GRADOS DE DISTANCIA)

Ya se ha emprendido un nuevo rumbo, pero no se ha recorrido mucha distancia. Marte sigue aplicando su fuerza para mantener el impulso; sería fácil volver a caer en las viejas dinámicas. La fase creciente es incómoda porque tiene lugar una lucha con el pasado que puede parecer despiadada. Esta fase está imbuida de la energía de Tauro, que es tal vez el signo más difícil de mover cuando se atrinchera y se mantiene firme. La persona se está moviendo, sí, pero el avance es lento y trabajoso, y aún tendrá que pasar un tiempo antes de que los resultados sean evidentes. Los hábitos y patrones nuevos solo se asientan cuando se han ejecutado las veces suficientes como para que hayan pasado a formar parte de la rutina. La Luna seduce con recuerdos y consuelo emocional; susurra: «Regresa y todo estará bien». Marte quiere que la Luna vea lo bueno que es avanzar, pero es difícil convencerla si lo nuevo no está avalado por el tiempo. Marte quiere una acción motivada por su deseo espontáneo y auténtico. En esta fase se trata de elegir actuar en sintonía con la verdadera llamada del corazón, incluso si esta parece ir en contra de la corriente general.

Es fundamental que las personas que se inscriben en la fase creciente entre la Luna y Marte sigan poniendo un pie delante del otro. Cuando aparecen problemas y detonantes es normal reaccionar, pero es muy necesario mantener la mirada fija en el destino final y no caer en trampas del pasado. Piensa en lo a menudo que se consiguen resultados por medio de la reacción. Pongamos como ejemplo un niño cuya reacción es gritarle a uno de sus padres por no haberle dado una golosina que ha pedido. El padre o madre tal vez no sea capaz de encajar esa reacción tan dramática y punzante, sobre todo en público, y le dé la golosina al niño. Las reacciones son poderosas y todos hemos aprendido a utilizarlas a nuestro favor, como estrategias de manipulación para conseguir lo que queremos y necesitamos. Pasar de enfocar la vida de forma reactiva a hacerlo de forma activa no es algo que ocurra de la noche a la mañana.

La postura de «lo que necesito» puede triunfar sobre «lo que quiero», sobre todo cuando no gozamos de estabilidad emocional. Marte reta a la Luna a redefinir su concepto de la seguridad, para que podamos hacer más e ir más lejos.

En la fase creciente es como si Marte hiciese restallar el látigo y diese golpes con las piernas a un caballo que podría caer al suelo con la misma facilidad con la que podría mantener el ritmo. El caballo (la Luna) necesita sentir que cuidan de él y confiar en el jinete con su vida. Las personas sujetas a esta fase están aprendiendo a demostrarse que pueden perseguir lo que quieren de forma segura y crecer más allá de lo que saben de sí mismas. Tanto la Luna como Marte están asociados al ámbito físico. Reflejan nuestro cuerpo y nuestra energía, por lo que es habitual que quienes están expuestos a esta fase experimenten cansancio físico. Marte refleja la calidad de nuestra fuerza vital y la capacidad que tenemos de levantarnos y ponernos en marcha. Con la resistencia intensa que se da en esta fase, lo normal es experimentar sus efectos en el cuerpo. El ejercicio abundante incrementa la vitalidad y mejora el estado de ánimo, y es clave para seguir fluyendo, energéticamente, en la nueva dirección establecida.

FASE DEL PRIMER CUARTO (ENTRE 90 Y 135 GRADOS DE DISTANCIA)

Al haber más distancia entre la Luna y Marte, la fase del primer cuarto permite una mayor perspectiva en la realización del yo y la materialización de los deseos personales.

Las cosas están empezando a encajar, pero aún no están claras. Puede ser que la persona vaya tras sus objetivos apasionadamente, sin pensarlo ni planificarlo mucho. En esta fase tiene lugar mucha actividad, y el crecimiento se produce a base de ensayo y error. La lucha entre la Luna y Marte por dirigir los planes de la persona alcanza un nuevo nivel, en que la Luna por fin consigue tener un poco de espacio propio: el pasado tiene su valor, después de todo. La fase del primer cuarto comienza a los 90 grados, con el aspecto que es la cuadratura, y de hecho la Luna y Marte están en cuadratura aquí. La relación que mantienen es la de un desafío constante y la única solución es ponerse manos a la obra. Nos encontramos con un ejemplo clásico de la duda entre quedarse o irse, en que la persona prueba una u otra alternativa, o combinaciones de ambas, según la situación.

Tanto Marte como la Luna están asociados con el ego. Pero tenemos que aclarar algo: el ego no es algo que haya que trascender o disolver. El ego es lo que hace que cada uno de nosotros seamos individuos únicos con unos dones y talentos que nos permiten atender nuestro propósito. De alguna manera, en esta fase queda claro cómo es el yo del pasado y cómo es el que está emergiendo actualmente. Cualquiera que sea la dirección en la que vaya el barco, ha adquirido suficiente velocidad como para ser una fuerza que tener en cuenta. La persona quiere mostrar a los demás lo que está haciendo y que es valiente y digna de admiración. La conciencia de lo nuevo a través de las fases gibosas* (como la conciencia de Aries a través de Virgo) es subjetiva, lo que significa que vemos las cosas y las personas desde nuestra realidad interior. La conciencia subjetiva consiste en experimentar lo externo a través de nuestros filtros internos; algunos de estos filtros son cómo nos afectan los demás y cómo nos sentimos respecto a ellos. Con la esencia leonina de esta fase y la falta de objetividad, es fácil que se le exija al mundo exterior que exprese su parecer y su aprobación. Las personas sujetas a esta fase a menudo no se responsabilizan de los resultados no exitosos, a veces desastrosos, de sus esfuerzos. Les es muy fácil tomárselo todo personalmente y sentir que la vida *les* está haciendo cosas o no las está apoyando.

Aunque pueda no parecerlo, esta fase no es menos positiva que las demás, en ningún grado. Cada vez que actuamos y mostramos lo que tenemos, más probable es que recibamos atención, y de la acción proviene la reacción. La fase del primer cuarto está asociada a una creatividad, una pasión y una expresividad extraordinarias. Encontrándose la Luna y Marte en este baile o dinámica, hay muchas oportunidades de manifestar una creatividad de tipo emocional si la persona tiene esta inclinación. Las dificultades asociadas a esta fase son precisamente lo que alienta el fuego creativo. También pueden surgir cualidades de liderazgo, junto con una nueva sensación de

---

* N. del T.: Una vez que el ángulo de la Luna supera los 90 grados, entra en la fase gibosa creciente, por ello este primer cuarto se considera también fase gibosa.

libertad que puede inspirar a la persona misma y a los demás a hacer grandes cosas con verdadera alegría. Si Marte puede seguir demostrándole a la Luna que su fuego no quemará toda la casa, el espectáculo podrá continuar.

FASE GIBOSA (ENTRE 135 Y 180 GRADOS DE DISTANCIA)
La fase gibosa es un período de ajustes y afinamiento. Es el último paso antes de la fase llena, la compleción de lo que se ha estado construyendo a lo largo de la mitad creciente del ciclo. Todo aquello que no esté funcionando, que no esté bien o incluso que esté un poco fuera de lugar tendrá que ser examinado y habrá que llevarlo aparte para mejorarlo. En este punto del viaje de la Luna y Marte, es posible llegar a un momento de crisis, sobre todo si la persona no ha encontrado una manera constructiva de establecer un plan más personal y de hacerse cargo de su vida de una forma proactiva. El tema del ciclo protagonizado por la Luna y Marte es aprender a luchar por uno mismo, de las maneras más positivas. Si ha habido la tendencia a caer en viejos patrones reactivos a costa de no seguir el impulso genuino de ser y hacer las cosas de otra manera, esta es la fase en que el individuo siente que ha estado dentro de un traje que es cinco tallas más pequeño de lo que debería ser. Todos necesitamos crecer, y el crecimiento se produce al avanzar por territorios incómodos, extraños y desconocidos. Por otro lado, la persona puede darse cuenta de que ha sido demasiado arrogante y poco auténtica al intentar abrir su propio camino. Ya sea que el listón se haya

puesto demasiado alto o demasiado bajo, ahora se la urge a situarlo en el lugar perfecto, es decir, a la altura perfectamente apropiada para ella.

Una palabra clave para esta fase es *superación*. La fase gibosa refleja la superación del propio yo, no en el sentido de dejarlo atrás, sino de dominarlo en alguna medida. Todo este capítulo protagonizado por la Luna y Marte sobre la reacción frente a la acción y la pertenencia frente a la ruptura tiene que ver con descubrir que nuestro pasado no está separado de nuestro presente o nuestro futuro. En la vida analizamos las cosas, sobre todo en la fase gibosa, para tratar de entenderlas, cambiarlas o arreglarlas, pero lo relevante no son nunca las «cosas». Es nuestra perspectiva la que debe cambiar. Hay una manera de hacer alquimia con lo que comprendemos y con el modo en que nos identificamos con nuestro pasado (la Luna) y con la forma en que nos vemos impulsados, por una fuerza de voluntad en estado puro, a hacer algo diferente con nosotros mismos (Marte). Esto es lo que hacen los que están expuestos a esta fase, sean conscientes de ello o no. Y esto determinará qué versión del yo sometido a alquimia surgirá en la próxima fase llena, con el fin de que la persona lo vea y utilice para darse a sí misma al mundo y a la vida en sí.

Aunque Marte puede ser egocéntrico, quiere algo más que ver satisfechos sus deseos personales. Necesita estar al servicio de algo más grande; necesita algo por lo que luchar y un propósito honorable que merezca su dedicación. En esta etapa, las personas dedican tiempo al autoanálisis, el cual las conduce a mejorar. Esta cuestión es importante porque aquello que está buscando el héroe Marte es el yo. Una pregunta pertinente en este contexto sería: «¿Me seguiría a mí mismo hasta el campo de batalla?». La mayoría de nosotros, incluidos los animales, seguimos a aquellos que saben con seguridad adónde están yendo y que actúan desde un espacio de integridad. Considera esta fase un ensayo general o la última revisión de un texto. ¿Está todo alineado? Más específicamente, ¿están en sintonía tu mente, tu corazón y tus actos? Este es el momento de afrontar cualquier sentimiento de insuficiencia y de elegir el amor por uno mismo. Llegar a ser la mejor versión de nosotros mismos es un arte sagrado, y la fase gibosa encarna su esencia.

FASE LLENA (ENTRE 180 Y 225 GRADOS DE DISTANCIA) Y LA OPOSICIÓN

En todo ciclo o relación entre planetas, esta fase indica la plena luz de la conciencia, de la misma manera que la luna llena brilla e ilumina la noche. Lo que antes se había estado desarrollando en la oscuridad (al menos en parte) está fuera ahora, a la vista de todo el mundo. La fase llena protagonizada por la Luna y Marte tiene mucho que ver con vernos por fin tal como somos y con hacernos conscientes de cómo proyectamos nuestro yo personal en el mundo.

Sean conscientes de ello o no, las personas sujetas a esta fase han encontrado una manera de tomar su sentido del yo pasado, más condicionado, e integrarlo en su yo individualizado actual, que se está desplegando. Están tomando conciencia de la tensión dinámica que hay entre los dos de una manera objetiva y han asentado más o menos una alquimia entre ambos como camino a seguir. ¿Cómo se manifiesta esto? Por ejemplo, como una persona que pasa a ver claro qué impacto ha tenido el pasado en su comportamiento y sus decisiones, y proyecta conscientemente un nuevo yo en el mundo. Otro ejemplo puede ser el de alguien que mantiene una batalla entre la necesidad de seguridad y pertenencia de la Luna y la embestida de Marte hacia la independencia y la emoción. La oposición a 180 grados puede sentirse como un tira y afloja, el cual impregna toda la fase llena. El estado de conciencia de la persona determina cómo manifestará esta energía. El solo hecho de que algo esté visible no significa que elijamos verlo y acogerlo, pero esta fase nos da esta oportunidad.

La fase llena es, por naturaleza, reveladora, interactiva y social. Como tanto la Luna como Marte son egocéntricos e instintivos, no tenemos automáticamente un conversador extrovertido, sino que el individuo dirige la mirada al mundo exterior para encontrar el equilibrio dentro de sí mismo. En este capítulo hemos hablado de que la Luna se expresa como reacción y Marte como acción. Conviene aclarar que tanto la Luna como Marte pueden ser muy reactivos cuando se sienten provocados, pero el corazón puro de Marte está emprendiendo una acción directamente encaminada a su objetivo u objeto de deseo.

La Luna es receptiva, suave, fría y húmeda. Marte es aservtivo, duro, caliente y seco. Las personas sujetas a esta fase están intentando equilibrar e integrar estas partes contrastadas de sí mismas, pero a menudo es más fácil proyectar la parte con la que se tienen más dificultades. Según el resto de la carta astral y la manera en que está realizando su potencial la persona, podría identificarse con mayor facilidad con el impulso de Marte y proyectar la Luna en los demás o podría darse la situación contraria, que la persona acogiese la Luna y proyectase Marte. Cuando cuesta lograr que dos partes opuestas trabajen conjuntamente en armonía, es natural querer sacar a una de ellas de la escena o esperar que otra persona cubra estas necesidades.

Las oposiciones y fases llenas de la carta natal apuntan a los principales temas de la vida y, en mayor medida que cualquier otro aspecto o fase, atraen experiencias del mundo exterior para llamar nuestra atención. Quienes tienen la Luna y Marte en esta fase pueden esperar interactuar con otros para recrear las dinámicas de su propia infancia y adolescencia de una manera u otra. Podría ser que mientras la persona está en el mundo siguiendo el camino de su llamada, aparezca alguien con una resistencia extrema que haga todo lo posible para que la persona «se quede en casa» o permanezca en una contención simbiótica emocional de tipo lunar. En su desplazamiento, la Luna ha ganado más terreno; ahora está frente a Marte, y si el yo lunar no se ha integrado de manera efectiva en este punto, se mantendrá firme hasta que se le otorgue un asiento igualitario en la mesa. Esconderse no es una opción viable en la fase llena. La persona ha diseñado una estrategia para avanzar como individuo en pos de sus deseos y la satisfacción de sus necesidades personales, una estrategia para conciliar sus reacciones frente al pasado con las acciones encaminadas a crear un nuevo presente.

El yo egoico ha alcanzado un grado nuevo de maduración y ahora la persona debe decidir si lo acepta, lo manifiesta y lo desarrolla aún más. Como bien sabemos, el hecho de cumplir dieciocho años no significa necesariamente que seamos maduros. Pues bien, la fase llena puede dar esta misma impresión, la de no estar preparado para la realidad. Pueden darse momentos profundos de toma de conciencia de estar trabajando con algo y de cómo es eso realmente, y grandes oportunidades de conseguir el equilibrio correcto y empezar a hacer algo útil. Este puede ser un ciclo poderoso de autorrealización en el mundo, marcado por la comprensión y la profundización en las relaciones. La capacidad de aprender sobre uno mismo a través de los demás y de comprender verdaderamente a las otras personas en sus propios ciclos, que son únicos, es beneficioso para todos.

FASE DISEMINADA (ENTRE 225 Y 270 GRADOS DE DISTANCIA)

Ahora que el yo personal integrado está ahí fuera, para mejor o para peor, es hora de averiguar cuál es la mejor manera de contribuir con la sociedad. ¿Qué puede hacerse con el yo dentro de las reglas, estructuras y límites de la vida tal como la conocemos? El período precedente de preparación, desarrollo y posterior toma de conciencia del potencial personal en un contexto mayor ha concluido. Es hora de salir al mundo. La fase diseminada contiene un aroma capricorniano que motiva al individuo a subir la escalera, conseguir objetivos y ganarse el respeto de los demás. Normalmente trabajará duro para utilizar su pasado y mostrar respeto hacia la historia (por influencia de la Luna) a la vez que aplica su fuerza de voluntad (por influjo de Marte) para avanzar en la vida. Se le puede dar especialmente bien ver el cuadro más grande y «seguir el juego», en el ámbito laboral sobre todo, lo cual suele allanar el camino hacia el éxito.

La fase diseminada es la cumbre de todo el ciclo, y la persona se encontrará con un techo durante este período de desarrollo. Al ser la Luna y Marte los protagonistas, este «techo» es en parte el yo personal o egoico. Solo podemos moldearnos a nosotros mismos hasta cierto punto; al final el proceso termina y trabajamos con lo que hay. Para hacer una analogía, es como llegar a los setenta y cinco años de edad. No es que no podamos cambiar en todas las etapas, pero setenta y cinco años dan una perspectiva y una experiencia completamente diferentes de las que se pueden tener con siete o veintisiete años, o incluso con cincuenta y siete. Hay un grado de dureza o aspereza, porque el crecimiento ha alcanzado su punto más alto y existe la responsabilidad de demostrar que el resultado es útil y significativo. Toda la sabiduría acumulada hasta este momento debería compartirse más ampliamente, con menos apegos personales.

La mayoría de nosotros sabemos cuál es el carácter de Saturno. Si sintonizas con su vibración, te harás una idea del carácter de esta fase. Ahora imagina que el binomio compuesto por la Luna y Marte está bajo la dirección de Saturno, y entenderás lo que queremos decir. Todo aquello con lo que ha trabajado la persona (el pasado y el presente, dificultades con la familia y las emociones, la necesidad de pertenecer y el impulso de ir a lo suyo a su manera) queda casi congelado en el tiempo. Es necesario que cristalice, para que dejemos de inquietarnos y asumamos la responsabilidad por ello. Si algo se está moviendo o está cambiando constantemente, es difícil determinar dónde encaja. Este freno autoimpuesto en la evolución del yo interrumpe el proceso y le da tiempo a la persona para examinar sus respuestas condicionadas, que llegado este punto estarán desapareciendo, probablemente. Una de las mejores consecuencias que tiene encontrarse con un límite es que podemos percibir si la dirección en la que hemos estado yendo es auténtica o no. Tal vez no seamos capaces de cambiarla ahora, como puede ocurrir con una ley gubernamental, pero cada vez sabemos con más certeza qué es lo que funciona y qué es lo que no. Si algo no es apropiado, podemos aceptar este hecho, incluso si no es posible cambiarlo, modificarlo o transformarlo en este momento. La siguiente ronda de aquello que acometamos estará apoyada por esta madurez, la cual solo se adquiere con la edad y la experiencia.

Las personas que se inscriben en la fase diseminada protagonizada por la Luna y Marte tienen la capacidad de aplicar sus instintos innatos emocional y físico al servicio de una visión colectiva. Suelen actuar en el momento adecuado, sus reflejos son agudos y tienen una gran intuición. Dotadas de visión estratégica, pueden percibir qué necesita un grupo, una empresa o una nación y reorganizar las cosas con sentido práctico para conseguir una mayor eficiencia y unos mejores resultados. También reconocen cuál es su lugar en el cuadro general y pueden asumir la misión de desempeñar este papel con un notable sentido del deber. Es importante señalar que es fácil perderse entre las expectativas y las ideas preconcebidas sobre el éxito en este punto, y más aún: es fácil sentirse superior cuando se cumplen los criterios materiales del logro. El objetivo ahora es alinear la sabiduría del pasado y del presente y la visión del futuro de maneras que estabilicen y sostengan nuestra civilización. La misión personal debe encajar dentro de una misión más grande; en caso contrario, debe ser sacrificada. En esta fase no hay lugar para las ambiciones egoístas. Si el individuo va en esta dirección, podría verse recompensado al principio, pero con el tiempo el karma y los límites de la sociedad colectiva cerrarán esta puerta. Las personas sabias se dan cuenta de que son demasiado arrogantes y dominantes antes de que los muros externos se acerquen entre sí para dejarlas confinadas en su interior. En esta fase es aplicable el viejo dicho *play or be played* ('juega o jugarán contigo'), y romper las ilusiones en torno a ambos aspectos es parte del proceso.

FASE DEL ÚLTIMO CUARTO (ENTRE 270 Y 315 GRADOS DE DISTANCIA)

La fase del último cuarto protagonizada por la Luna y Marte está asociada con una reorientación del yo más personal e instintivo. Dondequiera que haya terminado la persona en la dinámica entre aferrarse al pasado y abrirse paso por un territorio nuevo, está preparada para una evaluación final. Esta evaluación tiene que ver menos con cambiar el resultado y más con la conciencia y la comprensión relativas a cómo y por qué ha hecho lo que ha hecho y se ha convertido en la persona que ha llegado a ser. Se trata de una crisis de conciencia, como ocurre siempre en la fase del último cuarto. Y aún hay la esperanza de efectuar progresos, sobre todo si el individuo puede distanciarse y observarse sin el obstáculo que sería un apego emocional excesivo. Nunca lleva a nada bueno juzgar el pasado a partir de lo que uno sabe ahora y la persona que uno es ahora. La fase del último cuarto está permeada por la energía de Acuario y ofrece el beneficio de pasar un poco de tiempo en el exterior mirando hacia el interior, de tal manera que puedan superarse los obstáculos personales y el yo pueda comprenderse desde una perspectiva nueva e inspirada.

Tal vez la mayor aportación de esta fase (hay muchas y la clasificación es subjetiva) consiste en que la persona se ofrece a sí misma como ejemplo para que otras aprendan de ella. Esto implica un compartir inocente y la disposición a dejar que la historia les sea útil a los demás según lo que cada cual quiera tomar de ella. Lo que se expone como ejemplo es el propio yo, que puede ser algo de lo que estar orgulloso y que valga la pena emular. Sin embargo, también es posible que este yo que se presenta como ejemplo tenga un historial de elecciones y consecuencias que no suelen considerarse admirables. Tal vez la persona no supo estar a la altura de su potencial o siguió un camino de comportamientos destructivos o deshonestos. O tal vez no hizo nada especialmente terrible, pero alimentó sus inseguridades y nunca salió de la zona de confort que es la previsibilidad. En este punto, la acción heroica consiste en dejar que el propio camino, cualquiera que sea, arroje luz a los demás y puedan aprender de él para construir su propio yo. Existe la misma oportunidad de crecimiento desde todos los ángulos cuando hay conciencia y el compromiso de trabajar con lo que *es* (con el individuo en sí) para la mejora de la humanidad.

Si la relación entre la Luna y Marte es la integración de la reacción y la acción, la pertenencia y la ruptura, la identidad pasada y la presente, ahora es la hora de la verdad. La mejor pregunta que puede hacerse uno, para responderla y actuar de la mejor manera, es: «¿Qué más puedo hacer con mi vida personal antes de que comience a desvanecerse?». Acaso adviertas que tenemos menos que decir en este punto que en fases previas, y es que es lo apropiado. Puede haber personas que en este punto del camino se sientan de esta manera al respecto: «Lo hice así. Puede que no lo hiciera de esta manera si tuviera que empezar todo ahora, pero no vale la pena darle vueltas. Lo que hice [Luna] siempre dará forma a lo que hago [Marte]. Así que haré todo lo posible para comprender conscientemente el pasado con el único propósito de crear un futuro mejor».

FASE BALSÁMICA (ENTRE 315 Y 360 GRADOS DE DISTANCIA) Y LA CONJUNCIÓN BALSÁMICA

El impulso de Marte es crear vida. El impulso de la Luna es proteger la vida. La fase balsámica es un período asociado a la muerte, lo cual hace que ambos se pongan en guardia. Las negociaciones entre la Luna y Marte pierden importancia en el contexto del cuadro más grande. El proceso personal de integrar las necesidades y los deseos, de salvar la brecha entre la acción y la reacción, de respetar activamente la necesidad de pertenecer y la de emprender un camino propio (es decir, todo aquello de lo que hemos estado hablando hasta ahora) deja de importar. Las personas expuestas a la fase balsámica protagonizada por la Luna y Marte pueden sentir que su mismísima identidad se está desdibujando. Se impone una sensación de destino, incluso en los momentos de reactividad emocional. De algún modo es más cierta que nunca la frase «adondequiera que vayas, ahí estás». Al final del ciclo, hay muy poco que hacer, si bien la persona puede convencerse de lo contrario, al menos por un tiempo.

El impulso de luchar por la propia identidad y defender la persona que uno creía ser pierde su vigor. No se trata en absoluto de rendirse en un sentido negativo. Se trata de abandonar la mismísima definición de *yo* y los apegos a la idea del yo. Cuanto más cerca de la conjunción balsámica se encuentra el individuo, más fuerte es su necesidad de retirarse del mundo exterior para escuchar su voz interior. La introspección y la contemplación derivan en sabiduría. El pasado y el presente se han fusionado. La forma que esto adopte variará según la persona, ciertamente: algunas estarán más ligadas al pasado y al espacio interior del que vienen, mientras que otras estarán más implicadas con su libertad individual para crear algo nuevo.

El yo personal ya no se desarrollará más en este ciclo. Lo más positivo que puede hacer cualquiera en la fase balsámica es soltar lo que fue y hacer espacio para lo que será. Esta fase es un período de transición, y como ocurre con cualquier cambio vital importante, hay todo un abanico de emociones por experimentar. Es habitual experimentar tristeza y una sensación de duelo, porque hay algo que se deja atrás; en este caso, el sentido del yo. Incluso la naturaleza de la vitalidad y de la vida misma puede parecer distorsionada en esta fase. La realidad se curva y la propia cara, el propio cuerpo y las funciones humanas pueden parecer surrealistas. Tanto la Luna como Marte se experimentan en parte a través del cuerpo físico, lo cual hace que la persona quede delante de su propio reflejo, como en una sala de espejos. Y el hecho de envejecer despierta una nueva conciencia. En cierta medida, el camino consiste en abandonar la forma en que el ego entiende el yo, lo cual incluye su apariencia, en favor de una experiencia más espiritual o energética de su esencia.

No estaríamos escribiendo sobre la fase balsámica si el juego hubiese terminado totalmente. Los finales alimentan los comienzos y terminar de una manera significativa es un arte. Estas personas tienen la misión de despejar el terreno y preparar y nutrir el nuevo ciclo. Al ser la Luna y Marte los protagonistas, esto requerirá sacrificar algún aspecto de uno mismo. No es posible decir qué significa esto de una manera general; cada persona tiene distintos apegos y ataduras que la llevan a repetir la vieja historia. Sean cuales sean estos apegos y ataduras, hay que afrontarlos, amarlos y soltarlos con gratitud. La persona que se encuentra en esta fase no estaría donde está ahora si no hubiese sido por esos elementos; también formaban parte de su trayectoria. A veces hablamos de entrar en el camino o encontrar el propio camino, pero no hay ningún lugar en el que estar aparte del propio camino; nos encontramos en él y no podemos caer de él o salirnos de él. La persona que se halla en esta fase tiene la posibilidad de ver que el camino es uno, es decir, de ver su viaje en la espiral de la evolución desde el principio hasta el final, el cual no es más que otro comienzo.

Esta fase favorece mucho la autoaceptación y la aceptación de que uno mismo está conectado con todo lo demás, lo que significa que también favorece la negación, la desesperanza y el aislamiento. A medida que la motivación que es el éxito personal y material desciende, el impulso de contribuir con la sociedad aumenta. Lo que esto significa en realidad es que la persona ha elegido esta vida para acabar con las maneras en que se ha relacionado con su mundo. Al quedar atrás las viejas cargas, se descubren auténticos tesoros y se transmiten. Al ofrecer el individuo lo mejor de sí mismo para el futuro, puede gozar de una paz, un perdón, una fe y una comprensión profundos. La fase balsámica contiene la energía de Piscis, que se extiende enormemente y representa el gran misterio. Si la persona acoge este misterio por dentro y por fuera, la transición será mágica, a pesar de las pruebas que contiene. En cambio, si se aferra al pasado, demasiado temerosa de quedar perdida en un vacío, el sufrimiento y la soledad pueden ser absorbentes. En nuestro planeta no hay manera de poder evitar los finales, los cuales ponen a prueba como pocas cosas el carácter y el coraje.

SEIS

La Luna y Júpiter: conectar la conciencia interior con la conciencia mayor

os ciclos planetarios enseñan lecciones a los seres humanos y los ciclos son básicamente niveles diversos de la experiencia humana. El ciclo protagonizado por la Luna y Júpiter tiene que ver con cerrar la brecha entre nuestros propios pensamientos internos y los pensamientos que ocupan nuestra mente cuando estamos aprendiendo algo importante en la vida. Todos tenemos un grado de inclinación hacia lo espiritual en nuestro interior; no hay ninguna persona en este mundo que no la tenga, si bien significa algo diferente para cada individuo.

POR EL BIEN DE UNO MISMO
Y DE LA HUMANIDAD

En este ciclo en que la Luna se libera de Júpiter, vemos que la Luna deja a Júpiter cuando la conciencia interior y la conciencia mayor constituyen una buena mezcla, que se expresa como el estado de inocencia. A medida que crecemos, cuando lo hacemos, obtenemos experiencias en la vida que influyen en el curso de nuestro proceso de unión de la conciencia interior y la conciencia mayor. Cuando pensamos en nosotros mismos, tendemos a perder de vista los pensamientos de mayor alcance. Nuestra proximidad humana al mundo material no nos deja albergar ideas espirituales, y a través del ciclo protagonizado por la Luna y Júpiter aprendemos la lección de ser prácticos en la satisfacción de nuestras necesidades materiales para sobrevivir en el mundo actual sin abandonar la causa más grande por la que vinimos a este mundo en realidad. Al tratarse de un ciclo, al final regresamos a la «inocencia» inicial, que supone la culminación de los dos tipos de conciencia.

En estos tiempos modernos, hay muchos recursos literarios disponibles, y todos tenemos formas distintas de entender el mismo concepto. Esto también es aplicable a la idea de la conciencia. Distintas escrituras religiosas dicen cosas diferentes sobre la conciencia. El enfoque psicológico de la astrología ofrece su propia manera de percibirla. Desde la perspectiva astrológica, sin la Luna no hay existencia. Y si no hay existencia no hay conciencia.

La conciencia puede verse como la existencia de la persona en un momento en particular. Todos nosotros estamos influidos por diversos factores en la vida, y siempre son múltiples, porque todos procedemos de distintas familias, culturas y entornos, y lo que sea que esté a nuestro alcance conforma nuestra existencia física y mental. Nuestra existencia mental es denominada *conciencia*. Todos tenemos un lado lunar, que suele ser egocéntrico (no en un sentido negativo), porque todos estamos sujetos a unos deseos y necesidades, que a menudo se convierten en la fuerza que dirige nuestra vida. Esto es lo que llamamos la *conciencia interior*, que podemos definir como la exploración de nuestra mente interior de lo que necesitamos y lo que percibimos de aquello que está disponible para nosotros con el fin de llevar adelante nuestra vida.

Por otra parte, todos tenemos un yo más grande en nuestro interior, que piensa en cuestiones que no necesariamente nos afectan personalmente, sino que tienen importancia a escala global. No solemos darnos cuenta de que nuestro bienestar espiritual no solo supone un bien para nosotros, sino también para nuestra comunidad. Nuestro bienestar espiritual influye directamente en las personas con las que vivimos y en aquellas con las que nos encontramos en el día a día. Es la parte de nosotros que es generosa a la hora de compartir los recursos intelectuales o espirituales propios con los demás por un bien mayor, es decir, por el bien de una comunidad, una sociedad, una ciudad o incluso una nación. El emperador indio Ashoka el Grande sintió una pena y un descontento grandes cuando presenció un derramamiento de sangre durante la guerra de Kalinga, en el siglo III a. C., y eso le hizo renunciar a su voluntad de conquista. Su nuevo enfoque suave lo llevó a propagar una nueva ideología, que finalmente se convirtió en una nueva religión, el budismo.

EL GENEROSO JÚPITER

Considerado tradicionalmente un planeta benéfico, a Júpiter se le suele asociar con la progenie, la prosperidad, la justicia, los templos, la espiritualidad, la religión, la filosofía, el rango, el honor, los ingresos y el bienestar. Júpiter es uno de los ministros de la corte del rey, que aconseja a este en cuestiones económicas y relativas al bienestar del reino. Júpiter es un planeta de referencia para los astrólogos, pues habitualmente buscamos aspectos jupiterinos que puedan mitigar en gran medida los malos efectos derivados de la ubicación complicada de algún otro planeta.

Júpiter da la auténtica medida de la rectitud que albergamos, la cual determina el destino de nuestra vida espiritual o vida mayor dentro de la conciencia mayor. También está asociado a la mayoría de las cosas que consideramos buenas o positivas, lo cual hace que nos resulte más fácil aceptar las lecciones de Júpiter, mientras que encontramos más difícil aceptar y recibir las de Saturno. Júpiter está más cerca del Sol y la Luna que Saturno, y la velocidad y la distancia relativas de un planeta dado son factores diferenciadores. Saturno también es más frío, y por lo tanto se le percibe más duro. Básicamente, Júpiter parece más complaciente y accesible, y es jovial, tal como indica su otro nombre, Jove.* Júpiter nos recuerda que no debemos infravalorarnos. Infunde confianza, expande nuestra conciencia y afirma que somos capaces de ser y hacer más de lo que hemos sido y lo que hemos hecho nunca antes.

Júpiter nos hace pensar en cuestiones que están más allá de la vida material tangible con un mayor sentido de la compasión y la camaradería. No se trata de la compasión venusiana dirigida a nuestras personas más cercanas, sino del tipo de compasión que nos lleva a ofrecer una comida a alguien desconocido que lleva dos días sin comer. Júpiter insiste en la razón más grande por la que estamos aquí y nos inspira a tomar el camino más elevado. Él es nuestro camino y nuestra verdad. Contiene el propósito de nuestra encarnación, y nosotros, de alguna manera, estamos destinados a ser lo que somos.

LOS CICLOS DE LA LUNA Y JÚPITER

Júpiter tarda unos doce meses en pasar de un signo al siguiente. Se trata de una sincronía astronómica casi perfecta que, maravillosamente, resulta en un ciclo anual.

---

* N. del T.: Jove (Iovis) es el otro nombre que recibe Júpiter como dios de la mitología romana. La palabra *jovial* viene del latín *iovalis,* que significa 'perteneciente a Iovis'.

Este ciclo aporta un gran significado simbólico y arquetípico a la vida humana. La Luna conforma doce conjunciones con Júpiter en el transcurso de un año, y mientras viaja recoge las cualidades y energías básicas de todos los signos y planetas. Por ejemplo, mientras Júpiter pasa por Escorpio, la Luna ingresará en Escorpio y entrará en conjunción con Júpiter todos los meses ese año, y pasará por el resto de los signos después de cada conjunción, hasta que los dos planetas se vuelvan a encontrar. Simbólicamente, esto puede representar doce temas diferentes según el signo en el que se encuentre la Luna, lo cual es similar al concepto de las doce casas astrológicas.* La Luna está trabajando continuamente con los doce arquetipos, pues siempre está pasando por alguno de ellos. Mientras la Luna se encuentra con Júpiter en Escorpio estas doce veces a lo largo de un año, va trabajando con todos estos arquetipos dentro del contexto del tránsito de Júpiter por Escorpio. El doce es un número muy importante en astrología. Hay doce signos en el Zodíaco y doce casas astrológicas. Simbólicamente, podemos asociar cada fase de la Luna con respecto a la posición de Júpiter en el Zodíaco con cada una de las doce áreas del desarrollo humano. Se puede considerar que el proceso de salvar la distancia entre nuestra conciencia interior y la conciencia

---

* N. del T.: Las doce casas astrológicas representan distintas áreas de la vida. En la carta natal, cada planeta aparece ubicado en una casa y, por lo tanto, manifiesta su energía en ese ámbito. Cada casa toma su esencia de un determinado signo del Zodíaco.

mayor contiene el mismo tema y el mismo significado que las doce casas.

El desarrollo de la mente y la personalidad humanas depende de los ciclos de la Luna. Al dar un paso adelante en el sentido de hacer confluir la conciencia interior y la conciencia mayor, es fundamental que comprendamos qué puede significar la relación entre Júpiter y la Luna en cada fase. Desde el punto de vista tradicional, este es un ciclo muy positivo, porque la asociación de la Luna con un planeta naturalmente benéfico se considera auspiciosa. Por lo tanto, ninguna fase estará asociada a grandes rigores en el proceso de dar forma a nuestra conciencia interior para sincronizarla perfectamente con la conciencia mayor.

CONECTAR LA CONCIENCIA INTERIOR CON LA CONCIENCIA MAYOR

Como humanos, en general somos conscientes de lo que necesitamos en el terreno material, y la forma de satisfacer estas necesidades parece ser el foco principal de la formación académica hoy en día. Todo el mundo sabe dónde invertir y cómo obtener rendimientos. Por otro lado, el desarrollo espiritual y responder a la llamada interior a encontrarnos con la mente mayor dentro de nosotros suelen ser asuntos que yacen en lo más profundo del aparato psíquico. Si lo ignoramos conscientemente o no es irrelevante; el hecho es que en general tendemos a olvidar el aprendizaje de tipo superior y la necesidad de salvar la distancia entre la conciencia interior y la conciencia mayor.

Cuando la persona oye la llamada interior a encontrarse con la gran mente, está lista para emprender el verdadero desarrollo de su personalidad y su desarrollo espiritual. Es importante tener una mentalidad abierta y universal a la hora de pensar en uno mismo. La Luna pone en primer plano nuestras propias necesidades y aquello que codiciamos, lo cual atendemos de inmediato. Por otra parte, Júpiter añade el factor social, por el que otras personas se benefician de lo que hacemos. Cuando decimos «desarrollo espiritual» no queremos decir sentarse delante de una figura que represente una deidad y meditar. Se trata de hacer que la vida diaria sea más sencilla para alguien a la vez que hacemos que sea más sencilla para nosotros mismos. «Disfruta de una cosa y quédate con ella —dijo Marco Aurelio— al pasar de un acto social a otro acto social, pensando en Dios».[8]

En el momento de escribir estas palabras, el COVID-19 es un virus mortal que ha estado causando estragos en todo el mundo. La manera en que está lidiando con esta enfermedad China es muy jupiterina. Wuhan es el distrito que inicialmente informó de la mayoría de los casos de infección por este coronavirus. Se desplegaron más de ocho mil médicos y una cantidad de enfermeras y asistentes similar por toda China para tratar y atender a los pacientes infectados. El aspecto jupiterino es que los médicos, enfermeras y asistentes están expuestos a contraer la enfermedad al trabajar con los pacientes. Sin embargo, el aspecto humanitario prevalece, pues el personal médico está cumpliendo el propósito para el que nació. El Gobierno chino se comprometió a construir un hospital (una instalación de veinticinco mil metros cuadrados) en diez días. Al mundo entero le asombró la noticia, y quedó aún más asombrado cuando se informó de que los chinos lo habían logrado. Construyeron una instalación hospitalaria enorme en diez días solamente, con el fin de aislar y tratar a las personas afectadas por el coronavirus. Quienes la construyeron trabajaron de forma incansable, sin dormir ni comer apropiadamente. Dormían dondequiera que estuviesen trabajando y no pidieron nada, ni siquiera que sus necesidades básicas se viesen satisfechas. ¡Vaya aportación gigantesca a la humanidad! Este es un ejemplo vivo de unión entre la Luna y Júpiter. La Luna representa las personas en sí, y Júpiter el pensamiento superior. Está claro que la emocional mente lunar ha entrado en contacto con el potencial jupiterino.

LAS FASES DE LA LUNA Y JÚPITER

FASE NUEVA (ENTRE 0 Y 45 GRADOS DE DISTANCIA) Y LA NUEVA CONJUNCIÓN

Es probable que las personas nacidas durante la primera fase del ciclo protagonizado por la Luna y Júpiter unan la conciencia interior y la mayor mucho mejor que nadie, porque se trata de algo muy natural para ellas, y no necesitan realizar un esfuerzo consciente para lograrlo. Esta fase infunde optimismo y la sensación de estar en el lugar correcto en el momento apropiado. El carácter confiado de las personas que se inscriben en esta fase también puede hacer que sean muy generosas y francas. Y en esta fase no hay nada que pueda enfriar el ánimo. Estos individuos están plantando una semilla que tiene el potencial de dar forma a su vida tanto en el nivel interior como el externo.

Al encontrarnos al principio de algo nuevo y espectacular, esta fase afortunada en la que están implicados dos planetas suaves capacitará a la persona para conectar con gente importante que la ayudará a planificar y organizar sus actividades y su estilo de vida para que sean coherentes con su propósito. La dosis espiritual es perfecta durante este período, porque la compasión y la aceptación están muy presentes. Esta es una fase muy energética en la que se siembran semillas con la máxima confianza en que puedan dar lugar a algo que tenga una influencia y un potencial tremendos en el futuro.

Esta fase marca el principio de la integración de las posturas personal y espiritual hacia la vida. La bondad y la generosidad destacan como rasgos del carácter en quienes se encuentran en esta fase. Visto desde fuera, estas personas hacen que la vida parezca muy simple. La conexión de Júpiter con la mente emocional aporta la muy necesaria hidratación que el corazón necesita, lo cual hace que los que están sujetos a esta fase tengan un carácter indulgente y compasivo. Con tantas cosas por las que estar feliz, hay mucho entusiasmo por la vida en este punto del proceso de unión de la conciencia interior con la conciencia mayor. La libertad y la confianza están presentes, ya que estos dos tipos de conciencia, en su interrelación, marcan el camino para las futuras fases de la vida.

FASE CRECIENTE (ENTRE 45 Y 90 GRADOS DE DISTANCIA)

Encontrándose la Luna a una distancia considerable de Júpiter, pero manteniendo una relación crucial con él todavía, llevará adelante la experiencia de la fase previa a la vez que está influida por la fase actual. Esta es la fase más energética en cuanto al esfuerzo que hace la persona para lograr lo que se ha propuesto. Si bien esta fase trae muchas cosas por las que sentirse bien, también trae una cantidad considerable de situaciones en las que hay que tomar algunas decisiones importantes. A veces puede haber falta de claridad debido a la cantidad excesiva de alternativas entre las que es posible escoger. Por supuesto, en la relación entre Júpiter y la Luna todo tiene que ver con la abundancia de recursos disponibles para la persona. Los individuos expuestos a esta fase establecerán conexiones con aquellos que puedan imprimir un giro significativo a su vida o a asuntos con los que estén lidiando. La gran energía que tiene la persona influida por esta fase le permite permanecer abierta a varios cambios en los planes iniciales que podría tener que aceptar debido a circunstancias inevitables, pero para bien en última instancia. A veces, puede intimidarla alguna cuestión pequeña que pueda parecer un elemento perturbador o generador de resistencias, pero su confianza es tan alta que probablemente no dedicará mucha atención a modificar o eliminar dicho elemento.

La relación con los amigos y familiares suele ser muy cordial y puede obtenerse apoyo de muchas partes. Uno de los aspectos importantes de esta fase es el sentido de empatía que ha desarrollado la persona a lo largo de un período de tiempo, que la ayuda a comprender las necesidades y problemas de otras personas que están conectadas con ella en el aspecto emocional. Nada que no esté conectado al individuo en el nivel emocional funciona, precisamente porque la Luna es la mente emocional y Júpiter expande las cualidades beneficiosas de la mente emocional. A quienes se inscriben en esta fase no les da vergüenza decir la verdad en público y puede ser que no se contengan a la hora de manifestar cuál es su visión espiritual y su estilo de vida. Tienden a ser habladores y es difícil no prestarles atención o ponerles límites. Dicho esto, por lo general son personas fuertes y dotadas de inteligencia emocional, siempre que la Luna esté bien ubicada en la carta natal. Esta fase se caracteriza por la intención constante de crecer y mejorar.

FASE DEL PRIMER CUARTO (ENTRE 90 Y 135 GRADOS DE DISTANCIA)

Desde el punto de vista físico y mental, esta es la fase más fructífera y agradable; en ella, diversos aspectos de la vida de la persona fluyen con facilidad. Después de mantener el rumbo sobre la base de un plan y de realizar los cambios necesarios, esta es una fase en la que se consolida la posición modificada y tiene lugar un mayor crecimiento. También es una de las fases en las que el individuo puede contar con mucho apoyo en diversos momentos, gracias a su propia bondad y generosidad.

Durante esta fase, la persona procura establecer conexiones más allá del limitado círculo en el que se mueve. Esto le aporta muchos aprendizajes y experiencias nuevos, que acaban por redundar en su propia mejora. Los sujetos a esta fase suelen ser seguros de sí mismos en el plano emocional. Aunque son definitivamente clásicos en cuanto a las emociones, es patente que gozan de una sólida inteligencia emocional que les permite gestionar bien las emociones y las situaciones de tipo emocional. Hacen todo lo posible por ayudar a individuos que están lidiando con desafíos emocionales. Su actitud positiva atrae a mucha gente de fuera, lo cual se convierte en un rasgo característico suyo que puede terminar por favorecer a los demás a gran escala. Las personas correctas aparecen justo en el momento oportuno.

Aquellos que están bajo el influjo de esta fase no suelen perder la cortesía y son conscientes de sus limitaciones en todos los ámbitos de su vida. Aunque tienden la mano para ayudar a los demás debido a su carácter generoso, saben cuándo dejar de ofrecerla y sutilmente se aseguran de que su atención no se considere una intromisión.

FASE GIBOSA (ENTRE 135 Y 180 GRADOS DE DISTANCIA)

La persona sube más arriba en la escalera del crecimiento tanto en el nivel interior como en el más amplio. Quienes están expuestos a esta fase no parece que miren atrás, al punto del que vienen, pues normalmente están centrados en su camino futuro. Esta actitud puede conllevar una pérdida de perspectiva que los conduzca a tomar decisiones precipitadas. En esta fase, pueden dejarse llevar por lo que han visto y el conocimiento de hacia dónde se dirigen puede resultar en cierto descuido. Este es el inconveniente potencial de esta fase, pero en general augura unos resultados muy satisfactorios si se toman las decisiones correctas.

En la fase gibosa protagonizada por la Luna y Júpiter, la persona puede estar más receptiva y ser más adaptable a las situaciones que anteriormente. Aunque esta fase no suele traer un cambio tan grande como la fase creciente, podría producirse una situación en la que hubiese que realizar algunas modificaciones imprescindibles, que llevarán a un cambio de ritmo en la buena dirección. Los ajustes realizados durante la fase gibosa pueden mejorar aún más las buenas condiciones de la vida de la persona. El autoanálisis y la autosuperación son las fuerzas impulsoras durante esta fase.

Los individuos influidos por esta fase también pueden encontrar algunas diferencias con la conciencia mayor a medida que su ideología personal y su comprensión de la conciencia interior se modifican o se afinan. Estas diferencias son muy conciliables, pero la persona generalmente necesita aprender a confiar en su instinto a la hora de lidiar con el lado social de su vida. Es importante que se asegure de que este ámbito no interfiera en el propósito relativo a su objetivo o conciencia superiores o que acabe con dicho propósito.

FASE LLENA (ENTRE 180 Y 225 GRADOS DE DISTANCIA) Y LA OPOSICIÓN

Aunque la conciencia interior y la mayor están en oposición durante esta fase, este es el período más maduro, en que se cosechan los beneficios de todo lo que se ha creado o logrado hasta el momento. Las personas que se inscriben en esta fase suelen influir positivamente en todas aquellas con las que se encuentran y tienden a ser figuras positivas que los demás toman como referencia. Aunque esta fase está asociada a muchos beneficios, la energía puede ser considerablemente más lenta que en las fases anteriores. Pero la generosidad y la benevolencia abundan mucho más que antes.

Ahora que las cosas son más estables y no necesitan mucho control, se puede suponer que la persona está preparada para trabajar por otras causas, pero esto no tiene por qué ser así. La generosidad está presente, pero a veces se frustra y no le gusta que le den instrucciones sobre cuestiones sociales. Esto se debe precisamente a que la conciencia interior y la mayor están en oposición y hay una diferencia significativa entre ellas, que a menudo requiere una conciliación. Las oposiciones siempre tienen que ver con integrar lo que parecen fuerzas opuestas pero que en realidad forman parte de un mismo continuo de energía. En esta fase se manifiesta el concepto básico de la polaridad, y la persona adquiere mayor conciencia a través de cualquier elemento que perciba como ajeno.

Según la condición de la Luna y Júpiter, se oscila entre ocuparse de los sentimientos personales y los sentimientos relacionados con causas mayores. El hecho es que durante esta fase las personas suelen tener más cuidado a la hora de tender la mano, porque la Luna vuelve a ser autoconsciente y más independiente, al haberse alejado lo máximo posible de Júpiter. Cuando llega a estar en oposición a él, se encuentra en una posición más privilegiada. La Luna está impulsada por las experiencias, lo que significa que las experiencias pasadas tienen un gran papel en la forma de pensar del individuo. Pero Júpiter no puede ser ignorado en la luz brillante de la fase llena, y la relación entre la conciencia interior y la mayor puede comenzar a florecer realmente.

FASE DISEMINADA (ENTRE 225 Y 270 GRADOS DE DISTANCIA)

En las personas que estén pasando por la fase diseminada protagonizada por la Luna y Júpiter, la conciencia interior intentará pasar por encima de la conciencia mayor, debido a la presión de la Luna. Dispondrán mecanismos de autoprotección, pero serán lo bastante generosas como para compartir su red de seguridad con otras personas. A pesar de autoprotegerse, estos individuos están encantados de velar por los demás y escuchar lo que piensan, porque la Luna es protectora y quiere lo mejor de todo. Para tener lo mejor de todo, la persona necesita contar con varias opciones entre las que poder escoger. Y no puede obtener lo mejor sola; tiene que trabajar con otros y dentro del sistema. En última instancia, lo mejor para ella está ligado a lo mejor para todos, y la Luna participa activamente en la creación de estas circunstancias mejores.

Las emociones pueden ser intensas en esta fase y dejarse llevar por ellas puede ser contraproducente a veces, por lo que es importante apaciguarlas y abordar las cuestiones desde un nivel más elevado. El hecho de que la Luna se esté acercando a Júpiter desde el otro lado puede manifestarse como que las reacciones y la voz de la Luna sean más fuertes y contundentes que las de Júpiter. El contacto físico y compartir sentimientos es relevante durante esta fase, porque estos comportamientos apaciguan y evitan el exceso de rigidez. Es importante soltar cosas a veces durante esta fase en favor de la autosuperación. El desprendimiento no siempre es negativo; a veces es beneficioso.

Aunque pueda parecer lo contrario, las relaciones con los otros miembros de la comunidad no son tan difíciles. Está presente, de forma natural, el impulso de ser un miembro significativo de la sociedad y de procurar contribuir a una visión colectiva. Es importante que las personas sujetas a esta fase no lleven demasiado lejos sus planes, ya que otros pueden percibir el interés propio inteligente que hay detrás y acusarlas de ser egoístas. Estas acusaciones pueden ser muy hirientes, porque estas personas son muy sensibles a los juicios. Puesto que en esta fase se alcanza el punto máximo de crecimiento en el ciclo, se es mucho más consciente de lo que sucede alrededor y se tienen las cosas bajo control sin que haya mucho crecimiento nuevo. Este es el momento de resolver los conflictos que surgieron de la falta de conciliación entre la conciencia interior y la mayor.

FASE DEL ÚLTIMO CUARTO (ENTRE 270 Y 315 GRADOS DE DISTANCIA)

Esta es una fase dominada por las emociones en que el sentido de la generosidad y el de la compasión están muy agudizados. La madurez mental es tal que la persona siente la necesidad de orientar y ayudar a todo aquel que busque su sabiduría. Esta no es una fase de crecimiento, sino la fase en la que se comprende la realidad y la persona está preparada para confiar en los demás. La satisfacción es fácil de obtener durante esta fase, y habitualmente no hay expectativas no realistas respecto a nada. Aunque el crecimiento material es limitado, el crecimiento personal está muy presente y no hay nada que lo detenga.

Las relaciones con los individuos y con la humanidad concebida como un todo siguen mejorando, y es probable que se encuentren en su mejor momento durante esta fase. La fe es cultivada en la mente hacia todas las personas cercanas y el factor confianza está bien establecido. Con la gran cantidad de amor y compasión que muestra la persona, aquellos que la rodean están dispuestos a ayudarla en cualquier momento. Se da una reciprocidad evidente: los demás responden a los actos de buena voluntad que ella les ha dedicado en otras situaciones o en otras vidas.

El tema de la fase del último cuarto entre la Luna y Júpiter no es lidiar con las cuestiones internas en sí mismas, sino lidiar con los asuntos internos que están influidos por situaciones externas. Las emociones y los puntos de vista personales del individuo dirigirán su toma de decisiones en varios momentos clave de la vida, pero tiene lugar una reorientación hacia una mayor integración entre la conciencia interior y la mayor. Además, la persona está influida por sus experiencias pasadas en esta fase y generalmente actúa a partir de lo que cree que sucedió en una situación similar en el pasado. Asumir la responsabilidad por sus actos anteriores y comprender por qué tomó las decisiones que tomó la ayuda a aspirar a un futuro mejor. En esta fase puede darse un profundo despertar y se abre la puerta a la autorrealización.

FASE BALSÁMICA (ENTRE 315 Y 360 GRADOS DE DISTANCIA) Y LA CONJUNCIÓN BALSÁMICA

Los excesos emocionales pueden imponerse a la conciencia mayor, y en esta fase se da una batalla en la que se realizan esfuerzos importantes para conciliar la conciencia interior y la mayor. Cuando algunas cuestiones no se corresponden con las expectativas iniciales del individuo, el corazón se hace sentir para que la persona unifique la llamada interior con la llamada de mayor alcance. Es el preludio de la siguiente conjunción entre la Luna y Júpiter, que supondrá el inicio de una nueva fase y de un ciclo totalmente nuevo.

Al estar más fuerte que Júpiter la Luna, las emociones son intensas, pero la idea de tomar en consideración la llamada mayor está siempre presente en el subconsciente, y la persona no deja de prestarle atención. Aunque la energía física es baja, como en todas las fases balsámicas, la voluntad de dejar todo a punto para el siguiente inicio no desaparecerá. En esta fase la persona piensa y procesa mucho, y permanece oculta en lugar de salir a la intemperie. En este período de cierre, lo mejor que puede hacer es volcarse hacia dentro.

Siempre ha habido un final antes de un nuevo comienzo, y todo gran comienzo deberá tener un final algún día. Las personas que están bajo el influjo de esta fase han madurado y saben, de manera instintiva, que tienen que volver a empezar. Y se preparan para ello tanto en el ámbito mental como en el físico, dotándose de los recursos necesarios. En esta fase de retraimiento adquieren confianza, valor, optimismo y sabiduría para planificar el futuro.

La Luna y Saturno: conectar la abundancia con las limitaciones

Saturno es un capataz duro que nos capacita para tomar decisiones vitales cruciales en los momentos más importantes de nuestra existencia. Tenemos que experimentar dolor y sufrimiento para alcanzar el objetivo de nuestra vida. La relación de la Luna con Saturno nos conduce por varias fases de filtrado psicológico de las que salimos siendo individuos más completos a través de un amplio abanico de experiencias constructivas y difíciles. Estas experiencias definen nuestra fuerza de carácter y nos dan la oportunidad de ser seres humanos que actúan con integridad, disciplina, compasión y altruismo.

Aunque somos nosotros los encargados de conformar nuestro destino, tenemos que pasar por los rigores que nos presenta Saturno en nuestro empeño por vencer las adversidades y por convertirnos en la persona que estamos llamados a ser. Saturno nos enseña a confiar en nuestras capacidades y a fiarnos de los demás sin dudas injustificadas; también lecciones para gestionar las limitaciones y superar el pesimismo. Buscar la verdad es algo que estamos haciendo todos en esta experiencia espiritual, como avatares de nosotros mismos y como humanos, y estamos dotados para lograr este objetivo mientras pasamos por la configuración activada de la Luna con Saturno.

SATURNO: INTEGRIDAD Y MAESTRÍA

Saturno es el planeta más temido en el campo de la astrología. Incluso el lego lo considera un planeta atemorizante que se supone que trae desdichas a la humanidad. Pero Saturno tiene un lado filosófico mucho mejor y mucho más alentador. Por otra parte, no estamos intentando sostener una perspectiva demasiado positiva en relación con todo. Necesitamos una dosis saludable de realismo y sentido práctico. Las cosas pueden ser realmente difíciles a veces, y siguen siendo así hagamos lo que hagamos al respecto. Saturno es un planeta frío que está muy lejos de los dos astros que, desde el punto de vista geocéntrico, proyectan luz (el Sol y la Luna), lo cual, desde una perspectiva filosófica, indica que cuenta con muy poca visión y alimento. Escribe Robert Wilkinson en *Saturn: Spiritual Master, Spiritual Friend* [Saturno: maestro espiritual, amigo espiritual]:

Saturno está asociado con todo aquello que nos frena o nos asusta, y con esos momentos en la vida en los que tenemos que hacer algo que no queremos hacer en realidad. Saturno no parece darnos mucha tregua, y cuando está activo, a menudo nos sentimos atascados, limitados o retenidos.[9]

Saturno hace presente la realidad de las limitaciones en casi todos los ámbitos. Las limitaciones no son obstáculos a nuestro aprendizaje y nuestro crecimiento. Nos ayudan a advertir qué es aquello que ya no hace falta o que ya no nos sirve. En nuestro viaje de autodescubrimiento y liberación, tendemos a cargar con demasiado; llevamos sobre nuestros hombros un peso que no es necesario y nos quita energía. Pues bien, Saturno establece un límite para que soltemos todas estas cargas indeseadas y nos ayuda a viajar rápidamente, ligeros y dotados de sabiduría.

LOS CICLOS DE LA LUNA Y SATURNO

Dentro del campo de la conciencia, la vida fluye. En otras palabras, se producen cambios y se libera energía en forma de acciones y reacciones. Esta «energía psíquica» contenida en el campo de la conciencia, en el que opera, dentro de los límites de mi ego, está representada simbólicamente por Saturno y astrológicamente por la Luna. La Luna es una porción del Sol encapsulada por Saturno (si es que puedo permitirme escribir esta frase tan peculiar desde el punto de vista astronómico). Es de esta porción de energía vital, entre toda la que existe, de la que soy consciente como yo, como el ego consciente que soy. Saturno corresponde a la estructura abstracta de este ego. La Luna permea esta «energía psíquica» y el resultado es una entidad consciente, una entidad viva en particular. La relación entre Saturno y la Luna es, por lo tanto, la relación entre la forma y la energía.

Dane Rudhyar, *The Astrology of Personality*[10]

«Dentro de» son palabras que implican limitaciones, y hay muchas en nuestra existencia en general, independientemente de cuál sea la visión que tengamos de la vida. «Campo de la conciencia» es una denominación muy importante que hace referencia, directamente, a la cantidad de energía implicada. No podemos dar fe de esto ni imponer nuestro criterio al respecto; tú puedes tener una opinión diferente y estar en desacuerdo sin problema. Nosotros subrayamos nuestra opinión de que el tiempo no es mayor que la conciencia. Para nosotros, la conciencia es Dios, o como quieras llamarlo. Alguien ha creado el tiempo y este alguien es Dios, la conciencia. De la misma manera que el tiempo y el espacio son uno, Dios y la conciencia son uno y lo mismo. Nuestra limitación es el tiempo y operamos dentro de esta limitación, al menos por ahora. Saturno y la Luna reúnen una energía que va moldeando nuestro ser interior con el tiempo como resultado de múltiples experiencias dentro del campo de la conciencia.

La Luna juega un papel importante en la alteración del curso de la mentalidad general de los seres humanos. Su posición en la carta astral y su condición reflejan la configuración psicológica del individuo y ofrecen percepciones incuestionables a un astrólogo con respecto a su personalidad. La Luna rige lo que queremos y también determina nuestra actitud hacia lo que queremos, lo que básicamente hace surgir un personaje de nuestro interior: la personalidad. Desde el punto de vista astronómico, la Luna refleja luz. Si aplicamos esta misma filosofía entenderemos que la Luna es un gran reflector de la personalidad del individuo. La Luna revela los componentes de la configuración psicológica de la persona.

CONECTAR LA ABUNDANCIA CON LAS LIMITACIONES

Saturno tarda unos treinta años en pasar por todos los signos del Zodíaco, mientras que la Luna tarda unos treinta días. Esta correspondencia nos recuerda la popular técnica astrológica llamada *progresiones secundarias*. Mientras que la entrada de Saturno en el signo natal de la persona indica el regreso de este planeta, que se produce cada 29,5 años aproximadamente, la Luna progresada secundariamente también tarda esta misma cantidad de tiempo, más o menos, en completar su ciclo por todo el Zodíaco. Por lo tanto, mientras estamos embarcados en el viaje de regreso de nuestro Saturno, nuestra Luna progresada también está regresando a su posición o fase natal. Por su parte, Saturno establece limitaciones y la Luna, según su posición y configuración con otros planetas, nos ofrece recursos para pasar por el ciclo.

Esta relación astronómica simbólica ofrece un tesoro de conocimientos astrológicos que ayudan al astrólogo a abordar la naturaleza y la calidad de vida de la persona desde un punto de vista psicológico con un propósito claro. Los ciclos protagonizados por la Luna y Saturno tienen que ver con la evolución del individuo en su experiencia humana. La comprensión del propósito de la propia vida es un tema muy importante en este ciclo, desde el momento en que nos vemos obligados a efectuar elecciones vitales significativas y estas impondrán unas consecuencias. Este ciclo nos enseña a separarnos de personas y cosas que hemos amado durante tiempo.

Cuando analizamos este ciclo, vemos que apenas tenemos opciones entre las que elegir en ningún punto, y esta es básicamente la razón por la que nos parece duro. Como humanos, nos apegamos a muchas cosas y personas, sobre todo las que nos son familiares y nos hacen sentir bien. A veces, la realidad nos golpea duro cuando necesitamos tomar un camino diferente, un camino que requiera que dejemos atrás algo de lo que no necesitamos con el fin de ingresar en la siguiente etapa de nuestra vida.

A veces no sabemos o no reconocemos esto conscientemente y podemos experimentar presión, miedo o depresión. No hay duda de que el ciclo protagonizado por la Luna y Saturno puede aportarnos estabilidad y madurez, y enseñarnos a través de algunos golpes duros al ego. La ilusión es que lo que parece estar presente en abundancia podría no durar mucho, y lo que parece ser una limitación podría acabar por fortalecernos al vernos obligados a lidiar con restricciones y adaptarnos a ellas durante varias etapas del ciclo protagonizado por la Luna y Saturno. Podríamos tener que tomar decisiones en la vida que requieran mucho compromiso y hacerse responsable, porque Saturno indica responsabilidad.

LAS FASES DE LA LUNA Y SATURNO

FASE NUEVA (ENTRE 0 Y 45 GRADOS DE DISTANCIA) Y LA NUEVA CONJUNCIÓN

La conjunción de la Luna con Saturno en la fase nueva supone un inicio muy duro, en que la fuerza de Saturno golpea a la Luna en la cara, hablando metafóricamente, con grandes dosis de realidad. Lo que una vez pareció simple y normal ahora parece problemático. Lo que parecía abundante ahora parece escaso. Emociones que eran fáciles de manejar hace algún tiempo parecen difíciles de gestionar de repente. Surgen obstáculos por todas partes. La fatiga aumenta y plantea preguntas sobre la condición física y la resistencia necesarias para lidiar con esta fase complicada.

Debido a todo esto, las personas expuestas a esta fase suelen adoptar una postura defensiva en la mayoría de los contextos de la vida. Es fácil que se sientan heridas durante esta fase, y si se enteran de que alguien no cree en sus capacidades, se lo toman muy mal. Pueden ser increíblemente sensibles en este tipo de casos. En esta fase, el peligro es un exceso de fragilidad, sobre todo si hay problemas de confianza con otras personas.

De todos modos, toda esta susceptibilidad y fragilidad no son más que reacciones frente a la creencia psicológica de que hay problemas, al estar acostumbrado el individuo a gozar de mayor comodidad y tranquilidad. No contar con las mismas comodidades y la misma calma en la vida es una realidad difícil de aceptar, sobre todo psicológicamente. La fatiga mental es un factor más presente y que causa más problemas que la fatiga física. Por lo tanto, es importante que las personas sujetas a esta fase soporten lo que para ellas es un dolor y obtengan una victoria para sí mismas permaneciendo fuertes y aprendiendo a ver las cosas y lo que es realmente bueno para ellas bajo una nueva luz.

FASE CRECIENTE (ENTRE 45 Y 90 GRADOS DE DISTANCIA)

Esta fase suele ser más fácil y menos agobiante que la fase nueva protagonizada por la Luna y Saturno, ya que se goza de un poco más de tranquilidad. Más que quejarse sobre las limitaciones y la escasez de recursos, quienes se encuentran bajo el influjo de esta fase tienden a ir adelante y buscar lo que necesitan. Esto los mantiene ocupados y por lo tanto es menos probable que libren batallas emocionales, aunque pueden ser presa de las emociones en cualquier situación dada.

Las personas suelen ser más organizadas y contenidas durante esta fase. Tienen algo que demostrarle al mundo exterior, sobre todo si su presencia se dio por sentada en el pasado, y esta motivación externa las hace seguir adelante. Como las emociones están muy presentes, se preocupan mucho por quienes están a su alrededor, pero no lo expresan necesariamente, lo cual es muy saturnino. Sin embargo, consideran que la honestidad es primordial en todo tipo de relación y no la dan por sentada.

A pesar de ser emocionales, estas personas son capaces de tomar decisiones duras en momentos cruciales de la vida. Pero no son individuos que se hagan notar demasiado; sus actos y expresiones son relativamente discretos. Tienden a pasar desapercibidos y a cumplir lo que se han propuesto, lo cual es una cualidad admirable. La disciplina y una manera de vivir estructurada son las claves para atravesar esta fase, y Saturno empuja a la Luna (el ser interior) a no salirse de ahí.

FASE DEL PRIMER CUARTO (ENTRE 90 Y 135 GRADOS DE DISTANCIA)

En esta fase crucial, las personas pueden verse obligadas a realizar cambios para los que sienten que no están preparadas, sobre todo en el aspecto emocional. Algo muy importante que recordar es que aunque las puedan empujar hasta el límite desde todos los lados, hay algunos que las ayudan en su empeño de dominar la situación. Pero esto puede ser problemático cuando necesitan alejarse de aquellos en los que han encontrado mucho apoyo emocional. Esta circunstancia puede constituir un punto de inflexión importante, asociada a un gran giro en el curso normal de la vida. Esta es una fase en que la persona puede verse obligada a salir de su zona de confort.

En el momento, los individuos expuestos a esta fase no se alegran necesariamente por el cambio, pues pueden sentir que les ha sido impuesto. La frustración es elevada y la confianza es significativamente menor que en la fase creciente. Lo malo es que puede ser que desahoguen su frustración con las personas que los rodean y tengan una actitud crítica hacia la vida y la gente en general. Es importante que mantengan la irritación y el mal humor bajo control en todo momento, sobre todo cuando las cosas van mal.

Pero todo seguirá adelante, y la persona tiene la oportunidad de utilizar toda su fuerza creativa para seguir haciendo lo que se había propuesto. Este es el propósito de los períodos protagonizados por Saturno: no limitarnos a pensar en lo que podríamos o deberíamos hacer, sino hacerlo. Estamos llamados a seguir nuestro camino con integridad (a cultivar el *dharma*) para seguir forjando nuestro karma (a través de nuestros actos). Este camino es como se supone que tiene que ser, jalonado de cambios y desafíos, y nos lleva adonde estamos destinados a estar.

FASE GIBOSA (ENTRE 135 Y 180 GRADOS DE DISTANCIA)

Aunque algún tipo de sufrimiento siempre está presente cuando la Luna está influida por Saturno o relacionada con este planeta, la fase gibosa protagonizada por estos dos astros ofrece una base desde la que adquirir más fuerza, pues la persona ya ha aprendido lecciones sobre el desapego y ahora conoce el valor de la compasión. Gestionar el dolor seguramente no será tan difícil para estos individuos, pues ya han avanzado mucho en el camino y están preparados, desde el punto de vista psicológico, para aceptar la realidad tal como se presenta.

Las personas expuestas a esta fase están más tranquilas y satisfechas cuando están muy concentradas y decididas a realizar sus tareas hasta el final. Además de las rutinas y acciones habituales que llevan a cabo, también son muy conscientes de las responsabilidades domésticas con las que deben cumplir en relación con su familia o con las personas que dependen de ellas. Saturno enseña por medio de las experiencias, lo cual puede hacer que sean bastante conservadoras y realistas. Esta actitud se debe en gran medida a las dificultades que han afrontado en la vida. Saben que no deben dejar que un optimismo desenfrenado no las deje ver lo que está sucediendo en realidad.

Como los que están sujetos a esta fase ya han aceptado muchos cambios en su vida y en la dirección en la que ha ido esta, puede ser que vean como desfavorables cualesquiera cambios que se presenten y que se apresuren a oponerse a ellos. Esta resistencia al cambio no es porque no puedan cambiar, sino por la confianza que tienen en su camino actual. Esto no significa que no quieran afrontar lo nuevo que el mundo quiere mostrarles, sino que ya han pasado por cambios y están dedicadas a solidificar, reforzar y mejorar lo que ya han establecido.

FASE LLENA (ENTRE 180 Y 225 GRADOS DE DISTANCIA) Y LA OPOSICIÓN

Cuando la Luna y Saturno están en oposición, cuestiones que parecían estar en orden parece que empiezan a desbaratarse. Estas personas dudan de si serán capaces de manejar estas situaciones. El conservadurismo mental puede derivar poco a poco en miedo y limitación. La toma de decisiones es realmente difícil en esta fase en que las cosas parecen estar en desacuerdo entre sí y hay dudas y confusión. En el lado positivo, en la fase llena hay una mayor conciencia y sociabilidad que abre la puerta a nuevos niveles de cooperación y colaboración en las relaciones. La integración de la Luna y Saturno puede dar lugar a un entorno seguro y productivo para que la vida y el amor prosperen.

Además de su tendencia a ser rígidas y reticentes a aceptar lo que se presenta en su camino, a estas personas también las influyen los posibles resultados negativos de sus acciones pasadas. En la fase llena, todo está expuesto a un foco que brilla con la máxima intensidad, iluminando lo que había permanecido en la oscuridad. Puesto que la experiencia influye en las decisiones de estos individuos, tienen que tener cuidado de no basarse en exceso en sus propias experiencias y rechazar aprender de los demás. Puede ser que no confíen en la ayuda de nadie para tomar las mejores decisiones. De hecho, pueden pensar que no hay muchas personas que puedan ayudarlos en la situación en la que se encuentran. La mayoría de estos pensamientos no son más que suposiciones, y estas personas pueden hacerse un favor a sí mismas si recaban otras opiniones y piden ayuda cuando no puedan hacer algo por sí mismas.

A veces, quienes se encuentran en esta fase no tienen un plan para contingencias o un plan B. Se aferran a un camino en particular, y si falla se retraen y dudan de sus capacidades. Solo con que tuvieran un poco de flexibilidad para aceptar algo diferente y con que contaran con un plan alternativo saldrían beneficiadas a largo plazo. Esta es también una manifestación saturnina clásica, ya que estos individuos no siempre tienen muchas ideas y pueden verse limitados por su propia estructura mental a la hora de afrontar las limitaciones. En este estado de culminación, es importante manifestar un equilibrio saludable entre la abundancia y las limitaciones para responder a la vida con mayor desenvoltura y armonía. Y en esta fase hay que deponer la actitud de limitarse a uno mismo a partir de suposiciones.

FASE DISEMINADA (ENTRE 225 Y 270 GRADOS DE DISTANCIA)

La fase diseminada protagonizada por la Luna y Saturno es un período en el que echamos la vista atrás y nos damos cuenta de que no siempre podemos utilizar la misma estrategia en la vida. Debemos ser flexibles y tenemos que aprender a adaptarnos a las estructuras establecidas y a trabajar dentro del marco de estas estructuras. Nos corresponde a nosotros movernos. La actitud de estas personas es razonablemente optimista, pues han ocurrido muchas cosas a lo largo de un período de tiempo y el proceso ya ha arrancado, sin que pueda haber marcha atrás en este punto. En esta fase las personas están más abiertas a otras ideas y se relacionan con los demás de una manera relativamente positiva en lo que respecta a confiar en ellos y trabajar con ellos.

La mayor limitación antes de la fase diseminada era confiar en gente del propio entorno. La realidad es que no podemos hacerlo todo solos y que necesitamos que varias personas nos acompañen en el viaje de la vida. De la misma manera que pedimos ayuda en ocasiones, también tenemos que estar abiertos a devolver el favor cuando alguien necesita nuestra ayuda. Aquellos que se inscriben en esta fase comprenden esta realidad y la vida es más fácil para ellos, pues tienen una gran capacidad de adaptación.

Es relativamente fácil conseguir recursos, y por lo general no hay muchas limitaciones en cuanto a lo que los individuos pueden manifestar por sí mismos durante esta fase. La autoridad y la responsabilidad aumentan en el terreno profesional, al representar Saturno los medios de vida y la profesión. La Luna en configuración con Saturno, especialmente el aspecto trígono, transmite un sentimiento de bienestar y una fluidez natural con respecto al trabajo. La toma de decisiones sigue marcada por la cautela pero es mucho más fácil que en la fase de oposición, porque las personas están mucho más abiertas a escuchar las ideas de los demás. También tienen el impulso natural de compartir su sabiduría y actuar con autoridad.

FASE DEL ÚLTIMO CUARTO (ENTRE 270 Y 315 GRADOS DE DISTANCIA)

En esta fase las emociones están muy presentes y parecen regir todas las parcelas de la vida de la persona. Es un desafío personal ser objetivo y verse a uno mismo en un contexto más real y verdadero. Los individuos que están bajo el influjo de esta fase se identifican con sus intensas emociones, que tienen un impacto considerable en las personas de su entorno. Y esta es otra fase en la que cuesta salir de la zona de confort. Pero a diferencia de lo que ocurre en la fase gibosa, no hay la opción de permanecer donde se está en la forma de conducir la propia vida. A estas personas les corresponde experimentar un gran avance en conciencia, y cada vez que percibimos este cambio desde el inconsciente, el ego responde presentando resistencias. La forma en que se muestran estos individuos y la manera en que expresan sus ideales y su energía podrían haber dejado de ser apropiadas, y puede haber un cuestionamiento personal: «Si no soy esto, ¿quién soy?».

Esta fase plantea tomas de decisión difíciles en la elección del camino que se va a recorrer durante un tiempo. Esto supone un baño de realidad duro para la persona, que puede ser totalmente inconsciente de lo que está ocurriendo a su alrededor durante la mayor parte de su vida. Saturno enseña la importancia de hacerse consciente a través de pruebas arduas y onerosas, y una de estas pruebas es estar abierto al cambio. La aceptación no es muy común en los seres humanos, a menos que estén bien encaminados espiritualmente. Las personas ansían más, y no es fácil encontrar a alguien satisfecho. Las emociones de los que están sujetos a esta fase harán que les cueste entender la realidad de la situación. Intentan mantenerse en su zona de confort, pero la naturaleza siempre acaba por ganar esta batalla.

Por otro lado, ejercer el libre albedrío durante esta fase es permanecer abierto a los cambios por más dura que parezca esta opción. El hecho de aguantar el dolor y el sufrimiento, y la crisis de despertar asociada, acabará por sacar a estas personas de la zona incómoda en la que se encuentran temporalmente y las llevará a una nueva zona de confort, en la que la vida realizará una jugada significativa. Saturno es un guardián del tiempo y no negará, solo retrasará, los frutos del individuo, sean cuales sean. Las personas expuestas a esta fase tienen la capacidad de ser radicalmente honestas consigo mismas y de aportar soluciones creativas que hagan que la vida sea mejor no solo para ellas, sino para la totalidad del planeta.

FASE BALSÁMICA (ENTRE 315 Y 360 GRADOS DE DISTANCIA) Y LA CONJUNCIÓN BALSÁMICA

En la fase balsámica protagonizada por la Luna y Saturno, puede sobrevenir la opresión, pues Saturno suele obligar a la persona a afrontar cuestiones sorprendentes o impactantes. La Luna nos ayuda a ver lo que queremos ver solamente en su lado egoísta inmutable. Saturno, sin embargo, no está de acuerdo con esta postura e impone su punto de vista a la Luna. Lo que creían sobre la vida y sí mismas las personas sujetas a esta fase puede perturbar su sueño y manifestarse como miedo al fracaso. En esta fase, advierten y comprenden que puede ser peligroso albergar suposiciones y presunciones en la vida. En algunas etapas, la vida es dirigida por nuestros errores, por los que acabamos por pagar un alto precio. A toda acción le corresponde una reacción igual y opuesta.

Quienes están influidos por esta fase tienen que lidiar con la dificultad emocional asociada a soltar cualquier carga que estén llevando. El corazón no acepta cargas al principio, pero mientras pasamos por este oscuro túnel, el tiempo nos enseña a aceptar las realidades de la vida. Saturno nos enseña a lidiar con muchos asuntos con el tiempo. La conciencia es la mayor lección en esta fase. Los muchos asuntos e impactos que tienen que gestionar las personas en momentos como estos pueden ser absorbentes y agotadores, y pueden dejar cicatrices de guerra emocionales y psicológicas. Los individuos pueden pasar a tener una visión limitada, y las tareas que han planificado o que les gustaría realizar se amontonan con el tiempo. Hay interrupciones procedentes del entorno y obligaciones hacia los demás que no se pueden ignorar sin perder de vista los plazos personales. La reputación en algún nivel puede verse amenazada o incluso destruida en este momento, lo cual supone otro golpe psicológico para el ego antes de que la persona pueda comenzar a reconstruirlo nuevamente.

Es casi como si Saturno estuviese obligando a la Luna a afrontar las consecuencias de acciones pasadas. La Luna tiene que ver con nuestra mentalidad y con la manera en que nos sentimos respecto a nuestra historia, y su respuesta es casi pesimista. Hacia el final de esta fase, algunas personas pueden estar cerca de cruzar la línea del pesimismo, o pueden cruzarla totalmente, y caer en la negatividad de resultados de la cercanía entre la Luna y Saturno. Todo depende de cómo elija recibir a Saturno la Luna. Si aceptamos ser derrotados por la naturaleza podremos conservar la cordura, porque en realidad no somos vencidos por nadie; solo por la naturaleza o Dios o la conciencia. Lo que «perdimos» no fue más que una ilusión, algo que pensábamos que era real. No ganamos nada con edulcorar la realidad, rebajarnos o consolarnos después de sufrir una derrota o un fracaso derivados de los hechos imprevisibles de la vida. Esto es solo una parte de lo que debemos aceptar en nosotros mismos.

OCHO

La Luna y Urano: conectar lo confinado con lo libre

Para empezar a saber quiénes somos en realidad, tenemos que descubrir lo que no somos. El ciclo protagonizado por la Luna y Urano es una manera de observar el avance de la toma de conciencia de lo que somos, es decir, del proceso de descubrimiento de nuestra esencia personal, en cuya definición no influye nada de lo sucedido en el pasado. La mayoría de nosotros contemplamos la vida y nos vemos a nosotros mismos a través de lo acontecido. Nuestro cerebro siempre está hurgando en un archivador gigante de viejos pensamientos y recuerdos y reaccionando emocionalmente a ellos. No estamos viendo nada como es ahora.

Urano es el yo inalterable que permanece cuando todos los condicionamientos han sido erradicados. Es nuestro yo tal como ES. Por otra parte, de la misma manera que las ropas y mantas mantienen nuestro cuerpo caliente y protegido, la Luna nos protege emocionalmente. Es la parte de nosotros que intenta arrojar un manto protector contra lo que sea que amenace nuestra historia.

Explorar la fase protagonizada por la Luna y Urano que te corresponde te da pistas sobre cómo el yo que conoces y tu yo muy real pero incognoscible están trabajando juntos. No es necesario que uno sea mejor que el otro. Cuando juzgamos el ego, no estamos haciendo otra cosa que alimentar al monstruo y reforzar nuestros lazos con él. Cuando estamos orgullosos de nuestro estado evolutivo tan avanzado, no hemos entendido nada. Todos estamos en algún punto de un ciclo o fase de individuación. Aunque cada uno de nosotros sea único, no somos tan diferentes. Y todos estamos despertando.

LO CONOCIDO Y LO DESCONOCIDO

Cuando llegamos a los planetas más alejados del Sol, nos hallamos en un territorio diferente. Hay astrólogos que dicen que los planetas que se encuentran entre el Sol y Júpiter son los planetas personales, Júpiter y Saturno son los planetas interpersonales, y los que se encuentran más allá de Saturno son los planetas transpersonales. El astrólogo Steven Forrest nos recuerda, sabiamente, que todo es personal, es decir, todos los planetas y la forma en que nos representan o reflejan tienen un carácter personal.* Urano es personal, como la Luna. Pero es mejor que no hagamos excesivo caso de las palabras, incluso al leerlas, sobre todo cuando estamos trabajando con Urano. El Urano que hay en cada uno de nosotros puede no ser personal en el sentido en que lo es la Luna, pero está muy claro que se toma sus planes personalmente. Lo que estamos intentando decir es que todo lo que hay en tu carta natal forma parte de *tu* idiosincrasia, *tu* potencial y *tu* crecimiento. Los planetas exteriores tienen todo que ver con nuestra experiencia personal de los campos de energía y la conciencia, que incluye mucho más que a nosotros mismos.

Jeffrey Wolf Green escribe lo siguiente en la introducción de su libro *Uranus —Freedom from the Known* [Urano nos libera del conocido]: «La liberación uraniana de nuestro tiempo, en el ámbito colectivo, implicará la conciencia esclarecida que refleja el principio de la unidad en la diversidad, no la unidad en la igualdad».[11] La Luna está íntimamente conectada con nuestro pasado, con quienes sabemos que somos, y encuentra consuelo en los puntos de semejanza que tenemos con los demás. En ciertos sentidos, la Luna, atada a la historia, es opuesta a Urano, que

---

* N. de los A.: El astrólogo y conferenciante estadounidense Steven Forrest ha publicado muchos libros, y entre nuestros favoritos se encuentran *The Elements Series* (*The Book of Fire, The Book of Earth, The Book of Air, The Book of Water*) y *The Book of Neptune*. Aquí no citamos unas palabras en concreto de Forrest, sino que nos hacemos eco de una de las enseñanzas que transmite en sus obras.

tiene el impulso de liberarse del pasado, ser original y auténtico y celebrar ser diferente. En la astrología evolutiva, la Luna es un símbolo del ego, y Urano el impulso del descondicionamiento. Si juntamos los dos astros, tenemos el descondicionamiento del ego. Las fases protagonizadas por estos dos planetas revelan, en parte, las etapas en las que nos encontramos en este proceso. Como ya hemos mencionado, el ego no es algo negativo que deba morir, pero si elegimos mirar a través de sus ojos y seguir su camino, nos atrapará en el pasado. Si permanecemos anclados en nuestra historia y en lo que pensamos que sabemos acerca de lo que somos nosotros y lo que es la vida, no hay espacio para que pueda producirse un verdadero cambio. Urano nos conduce al ámbito de lo desconocido, donde hay una versión más grande de nosotros mismos esperando a ser descubierta y manifestada.

URANO: MIRADA HACIA DELANTE, NO HACIA ATRÁS

Urano es el planeta de la individuación y el despertar. Despierta en cada uno de nosotros al rebelde que está cansado de hacer las cosas según las reglas o condiciones de otros. Urano es nuestra mente mayor, que forma parte de la mente colectiva y puede acceder a esta. Es la parte de nosotros consciente de que somos conciencia y no hay nada que la dirija; se dirige a sí misma. A veces decimos que Urano es la *mente superior*, porque opera en un estado de libertad y puede observar las otras partes de nosotros mientras se están manifestando, incluida nuestra mente de mono. Es una inteligencia objetiva, no apegada a conservar nada que hayamos construido en los ámbitos físico, mental o emocional. No hay nada que pueda detenerla, limitarla o definirla. Para trabajar con ella de manera efectiva, tenemos que aprender a desvincularnos de la mayoría de las cosas de las que nos hemos convencido, sobre todo las que hacen referencia a nosotros mismos. El «yo» con el que nos hemos identificado empieza a desvanecerse al autoobservarnos. Experimentamos el Yo que hay detrás del yo.

Si has oído que Saturno representa los límites de lo que podemos ver, o nuestra realidad visible, no lo creas sin más. Si se dan las condiciones apropiadas, Urano puede verse a simple vista. A medida que realizamos nuevos descubrimientos sobre nuestro sistema solar, parece apropiado que echemos un nuevo vistazo al significado que le hemos asignado. Esta sería la forma de proceder de Urano: sacudirnos continuamente lo suficiente para ver cómo encajan las piezas en el presente. Las piezas pueden ser las mismas, pero el solo hecho de soltar la postura mental que tenemos respecto a algo suele hacer que nuestra comprensión se agudice y amplíe y que las piezas se vuelvan a unir de una manera más natural.

La mayor parte de los hechos en torno a Urano son inusuales, tanto desde el punto de vista astronómico como astrológico. Se descubrió en 1781 y recibió su nombre en honor de Ouranos, el dios griego de los cielos. Urano es el único planeta cuyo nombre corresponde a un dios griego; el resto han recibido su nombre en honor de deidades romanas. También es el único planeta que gira de costado en el espacio. Está tan inclinado sobre su eje que tiene unas estaciones extremas y largas; algunas duran veinte años. Urano también orbita alrededor del Sol en dirección opuesta a la de la Tierra y la mayoría de los otros planetas. En pocas palabras, es un arquetipo que sigue su propio camino.

En cada uno de nosotros, Urano inspira nuestras metamorfosis y sabe cómo podemos volar como personas e individuos. Su papel es sacudir todo aquello que esté demasiado cristalizado; de hecho, el planeta Urano es un gigante de hielo, hecho sobre todo de materiales helados flotantes. La energía de Urano puede ser abrupta e impredecible, y no le preocupa cómo se presenta. No quiere complacer a nadie, solo a sí mismo, en el proceso de liberarse y ser lo que es sin censuras ni restricciones. El impulso y el proceso de individuación de Urano son útiles a la humanidad, pero tienen que ver fundamentalmente con la expresión más elevada del yo. Constituyen un ejemplo perfecto de trabajo personal y despertar que contribuyen automáticamente a la sanación y evolución del planeta. La mente uraniana se enfoca en el futuro, no está limitada por ideas preconcebidas y permanece abierta a ideas y comprensiones radicales que, una vez obtenidas, harán que le resulte imposible volver atrás nunca más.

Einstein dijo que «ningún problema puede solucionarse desde el mismo nivel de conciencia que lo creó». Sabía cómo utilizar esto que llamamos Urano y, por supuesto, se le considera un genio.

LOS CICLOS DE LA LUNA Y URANO

El ciclo sinódico de la Luna, o solilunar, es de unos 29,5 días. Urano tarda ochenta y cuatro años en dar la vuelta al Sol. La Luna pasa de un signo al siguiente cada 2,25 o 2,5 días. Urano está unos siete años en cada signo. A menos que se encuentre en el punto de transición entre dos signos, Urano permanece estable en el mismo signo mientras la Luna pasa por muchos de sus ciclos mensuales. La Luna se encuentra con Urano en el mismo territorio una y otra vez, y en cada ocasión tenemos la oportunidad de liberarnos en el nivel más personal, emocional. Los planetas que se desplazan con mayor lentitud tienen el tiempo de su lado, en el sentido de que influyen de manera más prolongada y sostenida en nuestra evolución. La Luna está centrada en los movimientos externos e internos que acontecen cada hora, cada día y cada mes. Urano apunta a las fases fundamentales de nuestra vida, en particular los ritos de pasaje que tienen lugar alrededor de los 21, 42, 63 y 84 años de edad. Estos dos cuerpos de nuestro sistema solar operan según unos calendarios y unos niveles de conciencia diferentes. Las interacciones que se producen entre ellos revelan la integración y la sinergia entre el yo confinado a lo humano y el yo espiritual desprovisto de ataduras. El crecimiento depende de ambos.

CONECTAR LO CONFINADO CON LO LIBRE

La Luna es receptiva; recibe energías ajenas y después responde a ellas. Es el núcleo de nuestra experiencia. Por lo tanto, para recibir lo desconocido de Urano y ser un poco más libres, tenemos que ser amables con nosotros mismos. Nuestra Luna no tiene que desaparecer sin más por el hecho de que estemos tomando conciencia de nuestra sabiduría interior y nuestra autenticidad. De hecho, tenemos que trabajar *con* la Luna. El proceso de liberación es diferente para cada individuo y es importante no decirles a los demás lo que *deberían* hacer para liberarse o crecer. Lo que tú necesitas y te ayudará a salir de tu jaula puede ser que no le sirva a otra persona. Para cerrar la brecha entre lo confinado y lo libre no basta con hacer un taller de fin de semana; este es un viaje que dura vidas. ¿Qué necesitas para arriesgarte y soltar el falso sentido del yo? La Luna en Cáncer podría necesitar estabilidad emocional antes. La Luna en Sagitario podría necesitar divertirse y saber con certeza que vivirá aventuras. Se trata de cuidar del yo lunar para que haya menos miedos y resistencias al bajar del bordillo o saltar por el precipicio (hablando metafóricamente). Al ego no le gusta que lo desafíen o lo amenacen, que es exactamente lo que sucede cuando la Luna se encuentra con Urano.

Aunque la mayoría nos quejemos de ello, aceptamos órdenes de otras personas: alguien del lugar de trabajo, nuestros padres, nuestra pareja, la Iglesia o el Gobierno, por poner solo algunos ejemplos habituales. Todos nos encontramos dentro de un sistema colectivo y tenemos que aprender a trabajar en él para recorrer nuestro camino personal. Cada uno de nosotros debemos determinar también cómo podemos desatarnos a la vez que mantenemos los vínculos, es decir, cómo podemos ser libres en el mismo lugar en el que estamos. Cada uno elegimos nuestro camino hacia la libertad y las cadenas que debemos soltar para avanzar en esta dirección.

Pongamos como ejemplo la persona que, con su Luna en Sagitario, necesita divertirse y tener aventuras. Si a esta persona se le mostrase un camino de liberación que implicase recibir unas lecciones espirituales pautadas contenidas en un libro dentro de un horario regular, ¿crees que querría ser libre? La libertad no es un destino; es una forma de vivir y un estado mental. No está determinada por las circunstancias personales, aunque efectuar algunos cambios podría ser muy útil. La Luna puede dar buenas pistas sobre aquello que nos impide avanzar. Aunque representa lo que nos nutre y alimenta, tenemos que incluir siempre la polaridad, que puede consistir en las formas en que no cuidamos de nosotros mismos, en que nos frenamos o en que nos privamos de energía. La Luna también puede indicar en qué aspectos nos revolcamos y cómo lo hacemos, en el terreno emocional sobre todo, y de qué maneras rehusamos crecer. Urano quiere más para nosotros y nos muestra nuestro potencial y nuestra intención de liberarnos de nosotros mismos ante todo y sobre todo.

LAS FASES DE LA LUNA Y URANO

FASE NUEVA (ENTRE 0 Y 45 GRADOS DE DISTANCIA) Y LA NUEVA CONJUNCIÓN

¡Bienvenido a un nuevo ciclo evolutivo de liberación del ego! Las personas nacidas en esta fase tal vez no sean conscientes de que su yo más interior está a punto de experimentar una gran renovación, pero lo sienten. Como ocurre en todas las fases nuevas, hay muy poca luz exterior, o ninguna, que ofrezca orientación. El ciclo que está empezando aún no es más que la chispa de una intención y no se sabe cómo se desarrollará y, al final, cómo madurará y se completará. Estos son los primeros golpes uranianos que sacuden los cimientos del ego representados por la Luna. La Luna y Urano aún no han forjado una colaboración; más bien ha ocurrido que la Luna, al despertarse, se ha encontrado con que Urano ha ocupado su casa, y ahora no hay forma de librarse de él. Esto es especialmente aplicable a la conjunción nueva, que puede manifestarse como la aglomeración de dos planetas, ya que están uno encima del otro (en el sentido de que no hay grados que los separen). Cuando la Luna empieza a separarse de Urano, comienza a tener un poquito de perspectiva, pero la fase nueva es sobre todo instintiva y espontánea; la motivación es interior y el enfoque es muy subjetivo.

Las personas sujetas a la fase nueva protagonizada por la Luna y Urano pueden ayudarse a sí mismas explorando sus emociones con valentía. Sus sentimientos y reacciones instintivas les muestran cuáles son las cuestiones en las cuales presentan resistencias, y necesitan experimentar plenamente estas resistencias para poder superarlas. Se retan a sí mismas a vivir una nueva vida, pero aún no saben, en absoluto, qué significa esto. El único camino es seguir adelante. La influencia de Urano puede tener un efecto perturbador en el cuerpo; a veces la persona está más nerviosa, inquieta o ansiosa. En la fase nueva, Urano está cerca de la Luna, lo cual tiene un impacto en el cuerpo físico y el emocional. También es una presencia más nueva y tendemos a sentir el cambio de energía con más fuerza, como cuando un planeta en tránsito se desplaza a una nueva casa. Urano está iniciando el despertar en los espacios más privados y sensibles. La Luna es ferozmente protectora, hipersensible a las amenazas externas. Y aunque Urano no está fuera de la persona, la Luna puede sentir que sí lo está. Podría haber cierto caos, sobre todo psicológico, pero es bueno para un propósito mayor. Aquello que la persona pensaba que era orden se había vuelto asfixiante para el espíritu. Ha invocado el aspecto de sí misma que está listo para hacer girar el barco, tal vez incluso quemarlo si es necesario; lo que haga falta para que sea libre para ser ella misma.

FASE CRECIENTE (ENTRE 45 Y 90 GRADOS DE DISTANCIA)

En la fase creciente, de carácter expansivo, el crecimiento aún es incipiente y se requiere esforzarse mucho y tener una gran determinación. El yo mayor está presionando al yo más pequeño para que abandone los viejos hábitos, ideas y reglas, pero es muy fácil sucumbir al miedo y la presión. La fase nueva, de iniciación, ya se ha superado, y ahora la persona tiene que empezar a colocar los primeros ladrillos de la nueva construcción. Esto es muy fácil de entender cuando se trata de construir una casa, pero no tanto cuando se trata de un nuevo nivel de despertar mental, autenticidad o liberación del ego. Este es el desafío inconsciente que afronta la persona sujeta a esta fase. Puede ser útil recordar que todo aquello con lo que estamos a gusto ahora fue nuevo y amenazador en el pasado. Y todo aquello que está empujando los viejos límites ahora será viejo en el futuro. Como ocurre con muchas situaciones influidas por Tauro, la fase creciente puede exigir luchar, y la intensidad de la lucha es directamente proporcional a lo atascada que esté la persona y lo terca que sea. El individuo se está encontrando consigo mismo en un nuevo territorio, y la resistencia que mantiene frente al cambio genera la tensión que lo ayuda a romper los muros y salir del confinamiento.

Podría parecer que no se avanza mucho durante esta fase, pero si se adopta una perspectiva mayor, suele verse que la persona realiza enormes progresos a medida que supera obstáculos. Quienes están expuestos a esta fase se están dando cuenta, en lo profundo, de lo muy constreñidos que han llegado a estar y de cómo han limitado su capacidad de crecimiento al no exponerse ni complicarse la vida. Ahora, el yo libre está muy decidido a hacer que el conjunto de la persona avance un poco en el camino que la llevará a expresar su verdadero yo. El yo lunar, con su identidad condicionada, ha resistido la prueba del tiempo y rechazará todo aquello que considere que puede amenazar su existencia; se defenderá contra ello. Además, el yo impulsado por el ego no quiere valorar o reconocer lo que es más grande que él. Por otra parte, está el impulso uraniano de romper con el pasado y desafiar todo aquello que se haya vuelto cómodo o común... Por lo tanto, es como si se desencadenara una guerra civil personal entre las partes conservadora y radical de la psique. Las personas que se encuentran en esta fase tienen atisbos de su futuro yo y pueden sentir cómo cambia su configuración y orientación energética, si bien este cambio es relativamente nuevo aún. Para ayudarse a sí mismas, pueden alimentar todos aquellos pensamientos, ideas, sentimientos o experiencias que revelen algo nuevo sobre su identidad, y conseguir mayor libertad para descubrirse a sí mismas más allá de los viejos roles y etiquetas. La fase creciente protagonizada por la Luna y Urano puede manifestarse como la necesidad de conseguir resultados que demuestren que todo el trabajo duro que se está realizando vale la pena (sería el equivalente a querer obtener beneficios en el ámbito empresarial). El valor que tiene el hecho de autoliberarse y seguir el propio camino no es fácil de evaluar en el mundo material; incluso puede haber lo que se considerarían pérdidas según los criterios convencionales. Pero el crecimiento y el potencial resultantes son inconmensurables, y no se dejan atrás cuando termina esta vida.

FASE DEL PRIMER CUARTO (ENTRE 90 Y 135 GRADOS DE DISTANCIA)

La fase del primer cuarto es el momento de intentar cosas nuevas, y en la relación entre la Luna y Urano, esto podría significar expresar un yo más liberado en el mundo. Es imposible saber qué resultará realmente liberador hasta que se ha probado en primera persona. Es muy posible que aquellos que se inscriben en esta fase avancen con convicción en algún sentido y luego se den cuenta de que eso no está en absoluto en concordancia con su identidad. El ego es engañoso y lo usamos para jugar con nosotros mismos todo el tiempo. En esta fase, la única manera de poner a prueba la autenticidad es a través de la vulnerabilidad. Las personas expuestas a la fase del primer cuarto protagonizada por la Luna y Urano tienen que compartir su singularidad de todo corazón. Cuando lo hacen, saben enseguida si eso fue auténtico. Si no lo fue, tendrá poca fuerza y la persona lo sabrá, aunque el público aplauda. También puede haber ocasiones en que el individuo sea fiel a sí mismo y lo muestre, con la consecuencia de que los demás no lo aprueben o aplaudan. Es importante no desanimarse si las cosas no van según lo planeado. En parte, liberar el yo condicionado consiste en reconocer cuándo se está manifestando el condicionamiento. Vale la pena asumir riesgos para adquirir este conocimiento y lanzarse, independientemente de cuál sea el resultado.

La expresión personal es un tema que se debe trabajar en la fase del primer cuarto; a la persona puede costarle dejar su huella en el mundo. Pero hay que hacer una advertencia: no es conveniente prescindir de la reflexión previa y forzar las cosas. Se requiere la acción espontánea plenamente sincera y realizada desde un espacio de vulnerabilidad, pero no es pertinente dramatizar en exceso ni exigir la atención de los demás. Las personas sujetas a esta fase están tratando de validar su propio yo autoliberado. Quieren ver cómo es este yo y cómo se comporta. Esta es una fase muy subjetiva, en el sentido de que está centrada en la manera en que el entorno responde a lo que la persona hace y es. Es importante que esta se responsabilice de los resultados de sus experimentos y reconozca que está trabajando *sus propios* temas. En esta fase el ego tiene la oportunidad, maravillosa, de mostrarse de forma más clara y honesta a medida que afronta los retos planteados por Urano, el cual no tolera las fachadas. Esta fase puede suponer el verdadero comienzo de la colaboración entre el ego y Urano.

FASE GIBOSA (ENTRE 135 Y 180 GRADOS DE DISTANCIA)

La unión entre lo conocido y lo desconocido que empezó en la fase nueva se está acercando a su culminación. La relación entre la parte confinada y la parte libre del yo ya hace algún tiempo que se está integrando. Siguiendo con la idea de que la Luna es la parte de nosotros que recibe todo y reacciona a todo mientras que Urano es nuestra conciencia mayor o mente superior, la integración de los dos es la capacidad humana de recibir la conciencia mayor y reflejarla. No es de extrañar que consideremos que la Luna es misteriosa. Es el lugar donde todo sucede cuando el pasado y el futuro convergen en el presente. ¿Hay algo que la Luna no pueda sostener? Las personas expuestas a esta fase sienten todas las maneras en que el pasado y el futuro, lo conocido y lo desconocido, lo confinado y lo libre no encajan. Todo lo que no fue bien en la fase previa, la del primer cuarto, es sometido a un examen cuidadoso. Como hemos mencionado, esta fase está permeada por la energía de Virgo, y las personas que se inscriben en ella tratan de comprender el estado despierto o recién liberado en el que se encuentran, y de abordar todas las maneras en que creen que se puede mejorar.

Imagina que te dijeran que vivirás en el estado de despertar, autoliberación y autenticidad en el que te encuentras actualmente durante las próximas cinco vidas. Es una situación ficticia, por supuesto, pero da una idea de la sensación imperante en esta fase. Las personas que se encuentran en ella no quieren avanzar sin hacer todo lo posible por asegurarse de hacerlo bien. Es habitual sentirse insuficiente y falto de preparación para lo que está por venir, lo cual tiene perfecto sentido considerando cuál es la naturaleza de lo desconocido. Si bien es necesario pasar por este período de autocuestionamiento, corrección y crítica, también es saludable soltar los criterios y expectativas no realistas. En primer lugar, los criterios y las expectativas son contrarios al impulso de Urano y, en segundo lugar, no harán otra cosa que absorber una energía que es mejor dedicar a eliminar las creencias y apegos limitantes. Durante esta fase, incluso los pequeños ajustes tienen el poder de cambiarlo todo, especialmente los pequeños cambios de perspectiva. Las personas que se encuentran bajo el influjo de esta fase están a punto de iniciar una nueva vida, porque mirarán la vida con una nueva conciencia. Todo lo que puedan hacer ahora para aclarar su visión y ver en mayor medida su propia verdad será un regalo no solo para ellas, sino también para todas las vidas que están a punto de afectar.

FASE LLENA (ENTRE 180 Y 225 GRADOS DE DISTANCIA) Y LA OPOSICIÓN

La liberación del ego ha alcanzado un punto culminante. La Luna y Urano están máximamente alejados, lo cual les permite verse plenamente y sin obstáculos. Como ocurre con la luna llena, la fase llena representa la luz de la conciencia, la cual, en este caso, arroja su luz sobre sí misma. Las personas sujetas a esta fase están aprendiendo a ver con mayor objetividad su yo más interior. No se trata de aplicar la razón a lo irracional, pero pueden tratar de hacerlo. La conciencia es liberadora. Esta fase de despertar revela con mayor claridad en qué aspectos se ha alcanzado una cumbre o se ha llegado a una meseta en el proceso de descondicionamiento del ego e integración de la mente superior. En las cuatro fases precedentes, o mitad creciente del ciclo, hubo mucha actividad en la reconfiguración de la orientación del ego. Tanto si la persona lo reconoce como si no, su ego ha experimentado un renacimiento y ha pasado por los dolores de crecimiento consiguientes. Esto no tiene por qué haber comportado una reorientación radical respecto a todo, pero en algún nivel ha habido un gran cambio. Mientras crecemos, estamos con nosotros mismos en todo momento, por lo que el cambio rara vez parece drástico. Es como engordar quince kilos. Cuando alguien te ve por primera vez desde que subiste de peso, percibe el cambio, inevitablemente. Pero para ti el peso se fue acumulando a lo largo del tiempo, y te fuiste adaptando a él. Ahora, imagina que antes tratabas de demostrar que tenías razón en todo. Reconociste que ese no era un hábito saludable para ti y te las has arreglado para abandonar ese patrón. En el momento en que adviertes plenamente que has soltado esa actitud, el trabajo duro que te ha llevado a lograrlo ha finalizado, pero los beneficios o resultados solo están empezando a manifestarse. Esta es la naturaleza de la fase llena.

Al usar palabras como *punto culminante*, podríamos esperar ver una versión del yo más liberada y auténtica en la fase llena protagonizada por la Luna y Urano, pero no hay garantías de que el impulso liberador de Urano lograse romper el condicionamiento del ego. Sabemos que la persona intentó perturbar su propio orden, pero esta energía también puede manifestarse como rebelión contra el rebelde. Lo que sabemos es que sea como sea que se estén complementando u oponiendo entre sí las funciones de la Luna y Urano, el crecimiento ha llegado a un límite. Durante el resto del ciclo se trata de aprender, compartir, aplicar, aceptar y, finalmente, soltar. Las personas expuestas a la fase llena están aprendiendo sobre su propio estado de libertad mental a través del espejo que son los demás. Como siempre, es probable que se produzcan proyecciones, sobre todo si el individuo ha ignorado el impulso del alma y no se ha liberado. En este caso, es fácil que culpe a otras personas por retenerlo o limitar su libertad. Tomar conciencia de que no hemos superado el viejo condicionamiento y continuamos aislándonos del cambio beneficioso es aleccionador. También es una postura honesta. Las personas que se inscriben en esta fase tienen un don natural para ayudar a otras a trabajar con sus motivaciones enfrentadas para sentirse seguras con lo que saben y liberarse de cualquier elemento que las ate al pasado. Pueden ayudarse a sí mismas prestando atención a lo que ven en los demás y a la forma en que los demás les responden. El mundo exterior refleja su mundo interior. Y están haciendo lo mismo para otras personas. Este es el momento de comprender mejor los elementos que parecen estar en desacuerdo viendo que en realidad están operando conjuntamente.

FASE DISEMINADA (ENTRE 225 Y 270 GRADOS DE DISTANCIA)

La fase diseminada suele tener que ver con compartir sabiduría y trabajar dentro de las estructuras existentes, sean cuales sean. Requiere aprender a jugar según las reglas de otros y descubrir que no son tan buenas. Puesto que estamos hablando de la relación entre la Luna y Urano, es decir, del estado de liberación del ego y despertar de la persona, la motivación de esta fase es la llamada a poner este estado al servicio de la comunidad. Toda la sabiduría que se ha obtenido a lo largo de todo el ciclo no tiene como único objeto la liberación personal. Nuestro crecimiento individual afecta a la colectividad y determina qué contribución tenemos que hacer. Por este motivo, cualquier pequeño cambio de conciencia favorable a una mayor verdad es muy poderoso. Quienes están sujetos a esta fase están aprendiendo dónde y cómo puede beneficiar más a la sociedad su estado de conciencia personal. Esto siempre requiere trabajar dentro de una estructura, pues la sociedad está construida sobre estructuras. La persona tiene el reto de manejarse dentro de las estructuras físicas, organizativas y mentales de la colectividad. Y, por supuesto, también tiene que lidiar con las estructuras personales de cada individuo presente en cualquier grupo al que esté sirviendo.

En ese punto del ciclo, la Luna se dirige de nuevo hacia Urano; el viaje de regreso ha empezado. Aún hay distancia por recorrer, pero la sensación de retorno invita a considerar qué éxitos se han tenido en el viaje y qué se puede mostrar en relación con ellos. Ahora hay interés por saber cómo los resultados del despertar personal a una mayor conciencia pueden beneficiar al mundo. La persona que está bajo el influjo de la fase diseminada protagonizada por la Luna y Urano no siempre está trabajando en una actividad profesional o dentro de una organización. Hay muchas maneras de trabajar dentro de las estructuras. Las familias las tienen, las relaciones también, y las encontramos adondequiera que vayamos. La clave de esta fase es el «dentro de» (las estructuras). La evolución en esta fase se produce al aplicar el estado de autoliberación a las normas en lugar de oponerse al sistema o evitarlo por completo. Esto requiere determinación, paciencia y la capacidad de ver el cuadro más grande. Y cuando uno se mete en estas situaciones, corre el riesgo de dejar que la ambición, los deseos materiales y el anhelo de respeto acaben con la autoliberación y el estado despierto. Si ocurre esto, la persona puede deprimirse, al saber, en lo profundo, que ha sacrificado su autenticidad. También puede hacerse consciente de las rigideces que ha adquirido en nombre de la libertad y el cambio.

Las personas que se inscriben en esta fase pueden ayudarse a sí mismas responsabilizándose de la evolución de su ego. Esto es así en el proceso entero, que incluye la liberación, los condicionamientos y los nuevos condicionamientos, los cuales siempre forman parte de la ecuación. Estos individuos pueden liderar con su ejemplo; se basan en su edad y su experiencia (adquirida en esta vida y otras) para ser guías y mentores de otras personas. Un anciano representa maravillosamente esta fase. Con «anciano» no queremos decir alguien que es solo viejo, sino alguien de quien quieren aprender personas más jóvenes o menos experimentadas. Y un anciano sabio no es alguien que ha trascendido su ego; todo lo contrario: es alguien que ha aprendido a integrarlo con madurez.

FASE DEL ÚLTIMO CUARTO (ENTRE 270 Y 315 GRADOS DE DISTANCIA)

La fase del último cuarto, con su aroma acuariano, es una fase de liberación, lo cual hace que nos libere de nuestra supuesta liberación. Te estarás preguntando qué queremos decir con esto; verás que no es tan complicado como podría parecer. Básicamente, la conciencia despierta está sometida a más conciencia. Este hecho es emocionante, porque es la receta perfecta para los grandes avances concienciales. En la fase anterior hablábamos de la posibilidad de volvernos rígidos a través de la liberación. Este es un verdadero obstáculo; basta con que pases tiempo con cualquier acuario. El impulso de romper con el pasado en busca de un nuevo futuro acaba por crear un nuevo presente, que no tarda en convertirse en pasado. Como nos estamos acercando a la compleción del ciclo, estamos mirando por el espejo retrovisor, al menos hasta cierto punto. Las personas sujetas a esta fase tienen el reto de verse a sí mismas con una lente que puede amplificar y magnificar la verdad. A través de esta lente, cada aspecto de la psique se ve enorme, lo cual permite examinarlo bien. No se trata del análisis propio de Virgo ni del enfoque tipo láser de Escorpio, sino de una perspectiva mayor que ayuda al individuo a ver, de una manera casi impersonal, que cuenta con un gran margen para ser mucho más libre.

En otros capítulos hemos usado la palabra *reorientación* en el contexto de la fase del último cuarto, y es que realmente abarca el núcleo de su esencia. A lo largo de la mitad decreciente del ciclo, los contenidos con los que estamos trabajando no han cambiado, pero constantemente se ha revisado la percepción de estos contenidos y la forma de utilizarlos. En sentido estricto, la reorientación tampoco los cambia, pero podrías hacer creer a cualquiera (incluso a ti mismo) que sí han cambiado. Eso es así porque un cambio de percepción es un cambio de realidad. Los contenidos del ciclo protagonizado por la Luna y Urano son el cuerpo emocional —con las influencias que recibe por parte del cuerpo y la mente— y la mente superior, es decir, el aspecto confinado y el aspecto libre del yo. Estos aspectos no cambian y la conciencia tampoco; por lo tanto, ¿qué es lo que *sí* está cambiando en nosotros? Como sabemos, el cambio es constante. Pero ¿qué parte de nosotros está realizando el cambio? En la fase del último cuarto surgen este tipo de reflexiones, y las preguntas, no las respuestas, abren las puertas de la creatividad. Ser libre de la libertad parece absurdo, pero es probable que tenga sentido para la persona expuesta a esta fase.

Queremos decir ser libre de la definición condicionada de la libertad. La sola idea de que estamos buscando la libertad implica, en algún nivel, que no somos libres. Puede producirse una crisis existencial en esta fase, porque desaparecen el suelo y el techo en relación con lo que pensábamos que éramos y sabíamos. Tenemos que replantearnos qué es lo que tiene realmente sentido y significado para nosotros. Las personas que se inscriben en esta fase tienen que redescubrirlo por sí mismas y después hacer todo lo posible por expresarlo por el bien de toda la humanidad.

FASE BALSÁMICA (ENTRE 315 Y 360 GRADOS DE DISTANCIA) Y LA CONJUNCIÓN BALSÁMICA

Hay un final en cada principio y un principio en cada final. Desde el punto de vista energético, nada termina; como sabemos, todo se transforma. Aquí llegamos al final del ciclo protagonizado por la Luna y Urano, en el que nuestra autoliberación y nuestro despertar, tan preciados, se desvanecen. Todo el ciclo de descondicionamiento del ego y de unión de lo conocido con lo desconocido está ligado a un yo. Todo lo que interactúa con la Luna es ultrapersonal y nos toca de cerca. La forma en que lo recibimos y en que reaccionamos a ello se refleja en nuestros comportamientos y estados de ánimo. Durante la fase balsámica, se suelta la importancia personal, de forma natural. El ego lleva el tiempo suficiente en el mismo período de reconstrucción como para que la persona pueda liberarse más fácilmente de los apegos. Esto no significa que los viejos patrones y hábitos se disuelven por completo, pero una menor identificación con el ego significa que se necesitan menos sus vicios. Incluso si la nueva intención de vivir de manera despierta y liberarse del pasado no llegó a materializarse, no pasa nada. La vida continuará. Es posible que los individuos expuestos a esta fase acepten incondicionalmente el pasado y tengan una percepción casi psíquica del futuro. Como ocurre en toda fase de finalización o transición, seguimos teniendo algún poder para considerar qué dejaremos atrás y qué nos llevaremos con nosotros.

La manera en que dejamos algo es la manera en que comenzamos lo siguiente. Soltar el viejo equipaje emocional, perdonarse a uno mismo y perdonar a los demás y hacer las paces con el pasado ayuda a despejar el camino para hacer una transición más consciente, pero hay algo más. Cuanto más auténticos, veraces y reales seamos con nosotros mismos, más quemaremos karma antiguo. La honestidad radical y vivir la propia verdad son actitudes limpias, que no dejan nada por resolver después.

Las personas sujetas a esta fase tienen la oportunidad de alcanzar un nuevo grado de alineamiento en su interior, que reduzca la distancia entre su ego y la conciencia mayor. Cuando se saca a la luz la ilusión de la separación, el condicionamiento y el descondicionamiento ni siquiera existen. La mayoría de nosotros no estamos viviendo en este espacio todavía, pero si puedes imaginarlo, estás más cerca de él de lo que piensas. Podría parecer que las personas que se inscriben en esta fase están aquí para trascender su humanidad, pero esto no es en absoluto así. Están aquí para aceptarla y acogerla tan íntimamente que no haya lugar para las tensiones. La fase balsámica siempre apunta la brújula hacia el interior para que podamos oír y sentir la sabiduría del alma. El despertar parece que haga referencia a descubrir algo nuevo, pero desde la perspectiva de la fase balsámica, es lo que queda cuando cada capa de contenido irreal y no auténtico es eliminada. Si te estás preguntando si el ego necesita liberarse en realidad, estás sintiendo el potencial de esta fase. Todos estamos regresando a lo que es.

NUEVE

La Luna y Neptuno: conectar el tiempo con la atemporalidad

El uno* y el Todo son lo mismo, pero sería imposible saberlo si no tuviésemos experiencias separadas de nosotros mismos. El ciclo protagonizado por la Luna y Neptuno es una manera de examinar cómo interactúan nuestras percepciones de estos distintos aspectos de nosotros mismos. La unión del uno y el Todo está ocurriendo en nuestra mente, como todo lo demás que «vemos» en el universo. La única razón por la que necesitamos tender puentes entre aspectos aparentemente opuestos es nuestra mente. Esto no cambia aquello por lo

---

* N. del T.: En su oposición con «el Todo», «el uno» es, en este texto, cualquier elemento singular; por ejemplo, la persona que se ve a sí misma como un individuo separado de todo lo que lo rodea.

que pasamos ni lo real que nos parece. Pero cuando trabajamos con la Luna y Neptuno, algo que mora en lo profundo de nosotros mismos ni siquiera oye las palabras; no importan. A pesar de todas las diferencias que hay entre ellos, que examinaremos, la Luna y Neptuno comparten algunas características muy importantes. Ninguno de los dos necesita la lógica; ni siquiera hacen caso de los argumentos lógicos. Hablan el idioma del corazón y el alma. Y saben cuál es el camino que conduce a casa.

Ahora estamos llegando a zonas aún más alejadas del sistema solar, que ya no podemos ver a ojo desnudo. Neptuno es el planeta más distante del Sol que hayamos descubierto. Está vinculado con el misticismo, la espiritualidad y la inspiración. La misteriosa y caprichosa Luna puede relacionarse fácilmente con el carácter imaginativo y soñador de Neptuno, pero en lo que al tiempo y el apego se refiere, son mundos aparte. La Luna se lo toma todo personalmente y es posesiva. Neptuno es unidad y, por lo tanto, es desinteresado. Tanto la Luna como Neptuno se basan en el corazón y conectan con lo que aman y aquellos a quienes aman, pero la Luna espera algo a cambio. La Luna es exclusivista y su amor es condicional, mientras que Neptuno acepta plenamente lo que hay. Puesto que el verdadero amor no tiene expectativas, puede ser más apropiado que llamemos *afecto* al amor de la Luna. Neptuno es la parte de nosotros que es capaz de amar incondicionalmente. Y la Luna, como el ego, «orbita» totalmente alrededor de su sentido del yo, aspecto que concibe separado de todo lo demás. En cambio, Neptuno es totalmente inclusivo; no efectúa distinciones. Con Neptuno, todos formamos parte del mismo campo de energía; compartimos una sola mente. No hay nada que sea mío o tuyo, ni siquiera nuestros pensamientos. Todo es nuestro.

Hemos explorado la Luna como sinónimo de la mente emocional y como la que conserva los recuerdos. Sabemos que la Luna que hay en cada uno de nosotros encuentra alivio en lo que conoce, lo cual depende de cómo avanza nuestra historia. En el último diario de Jiddu Krishnamurti, *Krishnamurti to Himself* [Diario II. El último diario], una compilación de reflexiones grabadas cuando se encontraba cerca del final de su vida, dice: «Toda la psique es memoria; nada más». También se centra en que el tiempo es pensamiento.[12] Ya hemos vinculado la Luna con la memoria y la historia, la cual se basa en el tiempo. Y el tiempo es lo que hace que todo y todos nosotros permanezcamos separados, divididos e identificables. La Luna, a la que también hemos asociado con la mente o la mente emocional, nos sostiene y alivia con el tiempo, el cual ahora estamos identificando con los pensamientos. Y, por supuesto, nuestra mente lunar reacciona de manera personal a cómo nos hacen sentir estos pensamientos.

Neptuno está más allá del tiempo, la forma, el espacio y las definiciones. Tendemos a vernos a nosotros y a ver la vida como compuestos por cosas, pero desde la óptica de Neptuno no hay ninguna cosa; todo está interconectado. Krishnamurti lo dice muy bien:

Si no hay continuidad, ¿qué hay? No hay nada. Y uno tiene miedo de ser nada. Nada significa ninguna cosa: nada ensamblado por el pensamiento, nada ensamblado por la memoria (recuerdos), nada que se pueda expresar con palabras y después se pueda medir. Con toda seguridad, definitivamente, hay una zona en la que el pasado no arroja una sombra, una zona en la que el tiempo (el pasado o el futuro o el presente) no tiene ningún significado.[13]

Esta zona de la que habla Krishnamurti es lo que entendemos por Neptuno.

NEPTUNO, DESINTERESADO E INCLUSIVO

En el ámbito de la astrología, Neptuno es el planeta de la realidad, la realidad que subyace a todo aquello que consideramos real porque nuestra mente nos ha convencido de ello. Cuando está muy bien situado en la carta astral o está activado por un tránsito, es el momento de expandirse a un estado de conciencia mayor. Neptuno es lo que conecta a nuestro yo egoico con la totalidad cósmica. Representa tanto la colectividad de la que formamos parte como la manera en que experimentamos esta misteriosa colectividad como individuos.

De manera similar a Urano, nos conduce a lo desconocido, y cuando nos encontramos frente a lo desconocido, buscamos lo familiar, instintivamente. A los humanos

nos cuesta ver algo distinto de nuestros pensamientos e imágenes. Creamos vida a partir de lo que pensamos que sabemos y dejamos poco espacio para que se manifieste tal como es. Incluso el descubrimiento de Neptuno permaneció oculto a la mente humana, aunque se le había visto en el cielo. La fecha oficial del descubrimiento es 1846, pero en 1612 Galileo ya lo había visto, si bien pensó que era una estrella. En esa época no se habían descubierto planetas más allá de Saturno, por lo que Galileo ni siquiera *pensó* en la posibilidad... y perdió la oportunidad de ser el descubridor. Neptuno puede ser como una bruma o una niebla, y los tiempos neptunianos pueden parecer confusos o poco claros. De lo que se trata es de soltar las viejas ideas, etiquetas y creencias que nos mantienen atrapados en la ilusión. Si permanecemos con la niebla con paciencia y estamos dispuestos a ceder, se disipará, y se revelará algo con claridad cristalina.

Neptuno se corresponde con el arcano mayor número 12 del tarot, el colgado. El número 12 representa el límite del tiempo, pues 3 multiplicado por 4 equivale a lo divino (3) en la cruz de la materia (4). El colgado llama a un sacrificio del ego que nos permita descubrir y experimentar en mayor medida nuestra verdadera esencia y el significado más profundo de la vida. En la carta, está colgando bocabajo de un árbol, atado a las ramas por un pie y con los brazos amarrados detrás de la espalda. En algunas barajas, sus rasgos faciales son difusos, lo cual muestra que ha soltado la identificación con el ego. El dios nórdico Odín suele representarse colgado, y la suya es una gran historia neptuniana. Según la leyenda, Odín quedó atrapado en el árbol del mundo y permaneció suspendido entre el cielo y la tierra durante nueve noches. Sus cuervos y su caballo no pudieron liberarlo, y luchó consigo mismo hasta que llegó a un estado de rendición. Entonces percibió las runas mágicas, conocidas como las claves de los secretos de la existencia.

Con Neptuno, tenemos que lidiar con lo que no podemos controlar o explicar. Puede ser que experimentemos algún tipo de pérdida. El sueño se convierte en una pesadilla y las falsas ilusiones se disuelven; o tal vez llegamos a estar tan enfermos, cansados o tristes que acabamos por soltar. Cuando soltamos se genera espacio, y es entonces cuando la visión de Neptuno se vuelve clara y nos abre a nuevas dimensiones de posibilidad. El amor, la compasión, la fe, la inspiración y la conexión cósmica de Neptuno son expansivos. Necesitan más espacio del que el ego quiere permitir, por lo que siempre estamos liberando más espacio.

LOS CICLOS DE LA LUNA Y NEPTUNO

Neptuno tarda ciento sesenta y cinco años en dar la vuelta al Sol. Comparado con la veloz Luna, cuyo ciclo es de 29,5 días, está casi quieto. Neptuno permanece casi catorce años en cada signo. Como Urano, a menos que se encuentre en un punto de transición, se mantiene firme en el mismo signo mientras la Luna desarrolla muchos de sus ciclos mensuales. La Luna se encuentra con Neptuno en el mismo territorio ronda tras ronda, por lo que recibe el mismo tipo de influencia neptuniana durante años. Ahora mismo, mientras estamos escribiendo esto, todos estamos recibiendo una inyección de Neptuno en Piscis todos los meses cuando la Luna transita por los aspectos.* Y, en realidad, independientemente de los aspectos, el solo hecho de que Neptuno se encuentre en Piscis supone una influencia constante en la vida personal de todos nosotros. Nuestro ego, mente, memoria o corazón colectivo (como queramos denominarlo) está llamado a alejarse de todas las divisiones que creamos y a reconocer que estamos juntos en esto. Nos pertenecemos unos a otros, nos guste o no. Nuestros pensamientos y actos individuales nos afectan a todos. Neptuno lo sabe y está creando perturbaciones para ayudarnos a recordar este ritmo universal.

CONECTAR EL TIEMPO CON LA ATEMPORALIDAD

Entonces, ¿cómo estamos uniendo el tiempo con la atemporalidad como seres humanos? La clave se encuentra en nuestro corazón y más allá de las palabras. Las palabras están ancladas en el pasado, lo cual hace que siempre sean

---

* N. del T.: En astrología, se denomina aspectos a ciertas relaciones angulares que se producen entre planetas a causa del lugar que ocupan en el cielo en un momento dado.

sospechosas de no transmitir correctamente lo que se pretende, sobre todo en relación con Neptuno (con todo, intentaremos utilizar algunas aquí). Aceptar este hecho y soltar el apego a las palabras y los pensamientos es fundamental a la hora de tender un puente evolutivo entre la Luna y Neptuno. Podemos contemplar este asunto de diferentes maneras; una de ellas es que estamos cerrando la brecha entre el cuerpo y el espíritu. La relación que mantienen la Luna y Neptuno en las fases que conforman tiene que ver con la integración del aspecto físico humano, ligado al tiempo, y el Espíritu o Esencia atemporal. También representa la unión entre el microcosmos y el macrocosmos. Somos a la vez la parte y el conjunto, el uno y el Todo, algo y nada.

Podemos ver la Luna como el tiempo cronos y a Neptuno como el tiempo kairós. El tiempo cronos es lineal o secuencial, mientras que el tiempo kairós permanece quieto; también se le llama el *momento divino* o *supremo*. El binomio Luna-Neptuno representa asimismo una unión del corazón. Cuando descubrimos algo en nuestro corazón o sabemos que está en nosotros, podemos reconocer eso mismo en los demás. Nuestra experiencia personal hace que seamos capaces de apoyar y ayudar a otros. Nos proporciona empatía, la cual conduce a la compasión. La Luna toca las fibras del corazón, y cuando este se abre, estamos en el territorio de Neptuno. El corazón de la Luna es un puente al corazón del universo, en el que el ritmo del cuerpo se une con el ritmo del cosmos.

LAS FASES DE LA LUNA Y NEPTUNO

FASE NUEVA (ENTRE 0 Y 45 GRADOS DE DISTANCIA) Y LA NUEVA CONJUNCIÓN

Como siempre, la fase nueva supone el inicio de un nuevo ciclo evolutivo, y los aspectos mortales e inmortales del yo se unen de una manera completamente nueva. Neptuno influye mucho en la Luna al estar tan cerca de ella, y la proximidad de Neptuno tiende a experimentarse como unas grandes fuerzas que se imponen. Es importante que las personas sujetas a esta fase recuerden que estas «grandes fuerzas» las incluyen; de hecho, una parte más grande de ellas mismas *está* intentando tomar el control. Hay una parte del yo espiritual o imaginativa que necesita más libertad para expresarse y desarrollarse. Los individuos que están bajo el influjo de esta fase no son necesariamente conscientes de este impulso, pero es una fuerza potente que sienten. Si la persona tiene una inclinación espiritual o mística, esta fuerza puede conducirla a un despertar emocionante. En cambio, si no se siente cómoda con la misteriosa energía procedente de Neptuno, puede ser que busque escapar de ella y silenciar su influencia.

Neptuno es un planeta asociado a los sentimientos y sensaciones e incrementa la sensibilidad física, emocional y psíquica. En la fase nueva, estas sensaciones constituyen una experiencia nueva en algún nivel y pueden parecer ajenas o desencadenar respuestas emocionales que parecen salir de la nada. Las personas expuestas a esta fase son especialmente sensibles al entorno, sobre todo durante la conjunción. Acaban de cruzar la puerta que las ha llevado a un nuevo estado de conciencia y necesitan tiempo para adaptarse. Podemos compararlo con el caso de un bebé que nace a un mundo completamente nuevo. A veces, cuando iniciamos un nuevo ciclo ni siquiera reconocemos que se ha producido el cambio. Es dudoso que un bebé acabado de nacer sea consciente de la magnitud del potencial que contiene su nacimiento. A pesar de todo, las personas que se inscriben en esta fase están encontrando un nuevo ritmo que las conecta con algo mayor. Es posible que la Luna caiga bajo el hechizo de Neptuno y que, en consecuencia, la persona pierda el sentido del tiempo y el contacto con el mundo. Cuando los planetas presentan algunos temas en común, pueden actuar en connivencia. En este caso, si el ego se resiste mucho al cambio, puede utilizar la energía de Neptuno para evitar hacer frente a la realidad y vivir en un mundo de fantasía, o usar la espiritualidad como una manera de sortear la experiencia humana. Aunque pueda parecer que Neptuno nos saca de nosotros mismos, en realidad está tratando de llevarnos más adentro. El universo entero se encuentra también dentro de cada uno de nosotros, y puesto que «como es dentro, es fuera», lo de «fuera» está intentando que lo descubramos dentro en mayor medida.

FASE CRECIENTE (ENTRE 45 Y 90 GRADOS DE DISTANCIA)

Ahora, el nuevo estado de conciencia está expandiendo sus raíces. Se ha producido un cambio, y ahora adquiere realidad. Es decir, ya no es un mero experimento ni una conducción de prueba destinada a evaluar el comportamiento de un automóvil, metafóricamente hablando. Una mayor sensación de conexión con todas las cosas se ha infiltrado dentro de la sensación del yo separado. El individuo expuesto a esta fase responde a ello de una manera completamente personal. Por ejemplo, pongamos por caso que una persona influida por esta fase cree desde hace mucho tiempo que solo tiene que velar por sí misma y su familia. No es que sienta animadversión hacia los demás; solo ocurre que no se siente conectada con los desconocidos de una manera significativa, y por lo tanto no están en su lista de asuntos de los que ocuparse. Ahora, este individuo está empezando a tener otro sentimiento. Una noche necesitó ayuda, y un desconocido se detuvo para ayudarlo. Después, para su sorpresa, alguien le pidió que organizara una colecta de alimentos para los sintecho. La división entre esta persona y el mundo se está difuminando. Le resultaría fácil rechazar la responsabilidad de organizar la colecta y no complicarse la vida con más trabajo; además, seguro que se vería embargada por una serie de sentimientos si se implicase personalmente. Pero se encuentra en una nueva dimensión y una parte de sí misma sabe que no puede volver atrás. Así es la fase creciente: se hallan resistencias, se alimentan los cambios y se incorpora la nueva energía.

Los individuos sujetos a esta fase pueden ayudarse a sí mismos recordando que lo viejo siempre se opone a lo nuevo y que cada vez que lo hace tienen una nueva oportunidad de responder. Es difícil escribir sobre la integración de la mente y el espíritu, porque tiene su propio lenguaje. En la fase creciente, la persona siempre está buscando un valor, un significado y un propósito. En este contexto, encuentra valor en esta nueva manera de unir el yo con toda la creación. Cada persona contempla este asunto de una forma diferente y las creencias son diversas, pero todos tenemos el deseo de pertenecer. La Luna busca pertenecer a través de las conexiones familiares y las conexiones emocionales de tipo personal. Neptuno busca pertenecer a algo más grande que uno mismo que nos une a todos. El puente que une las dos posturas vincula a la persona común con la que está iluminada espiritualmente, y todos somos ambas. En esta fase, el individuo experimenta tensión entre la vieja y la nueva manera de experimentar la realidad. Lo que antes parecía un reloj que funcionaba ahora es como un reloj de pie que no marca bien la hora y solo emite un sonido nostálgico. Requiere esfuerzo arreglar el reloj o deshacerse de él, pero el caso es que esta máquina del tiempo ya no es adecuada ni fiable. Es hora de construir unos buenos cimientos para la nueva dimensión.

FASE DEL PRIMER CUARTO (ENTRE 90 Y 135 GRADOS DE DISTANCIA)

Como ocurre con todas las fases del primer cuarto, se trata de actuar. La unión del tiempo asociado al cuerpo con la atemporalidad asociada al alma no se da en una fase marcada por el pensamiento, sino en una marcada por la acción. Las personas expuestas a esta fase tienden a tomar decisiones basándose en sus sentimientos y no ven un cuadro más grande hasta que los efectos de sus actos las golpean en la cara. Nos viene a la cabeza la imagen de un niño, y puede ser apropiada. Hay un optimismo jovial y un deseo de ser visto que nos recuerda a un niño de diez años que tiene un papel protagonista en un espectáculo musical de la escuela. Pero estamos tratando de hablar del ciclo de integración del yo separado con todo lo que es, y no es tan fácil transmitirlo por medio de metáforas. Básicamente, la persona sujeta a esta fase está creando situaciones en las que poder comprobar su estado de conciencia actual. Necesita experiencias para descubrir qué funciona para ella, y este «qué» es su relación entre el yo egoico, separado, y el yo espiritual unificado o cósmico. Si hay demasiado ego, es como si la persona viviese dentro de un caparazón, y en el fondo experimenta una sensación de vacío. Si hay demasiado espíritu o unidad, el sentido de propósito personal se pierde y es fácil quedar flotando sin rumbo.

Si el tiempo es pensamiento y el pensamiento es el pasado, que está vinculado con la Luna, y la atemporalidad es siempre el ahora, que está vinculado con Neptuno, es muy fácil averiguar dónde se encuentra uno en esta combinación. Si estamos pensando en algo, estamos en la zona de la Luna. Si estamos en un momento en que el tiempo se detiene, como cuando nos perdemos en la música, nos ubicamos en la zona de Neptuno. Las personas que se inscriben en esta fase saben dónde se encuentran en el tiempo según lo que hacen. Las elecciones de sus actos las llevan directamente al espacio temporal que quieren experimentar. Pero no lo saben hasta que ocurre, y entonces puede ser que culpen a algún otro por el resultado. En cualquier caso, tienen muchas oportunidades de efectuar nuevas elecciones y probar con nuevas iniciativas que puedan tener otras consecuencias. No saben lo separadas o conectadas que quieren estar (es decir, hasta qué punto quieren inclinarse hacia el uno separado o hacia el Todo) hasta que se encuentran en la situación. Si bien esto puede generar cierto caos, e incluso dar lugar a algún daño colateral, el hecho de apresurarse a actuar deja menos espacio para la deshonestidad o la falsedad. Es difícil fingir cuando a uno se lo pilla por sorpresa. En algunos sentidos, las personas influidas por esta fase se ponen a prueba a sí mismas para ver cómo resiste su disfraz corporal y espiritual a la hora de la verdad.

FASE GIBOSA (ENTRE 135 Y 180 GRADOS DE DISTANCIA)

La fase gibosa puede fomentar la sensación de que no todo está bien. En la relación entre el cuerpo y el espíritu, todos sabemos cuánto dolor y cuánta inseguridad, aflicción, ira y vergüenza podemos llegar a sentir los humanos. ¿Cuántos libros, blogs y *podcasts* existen dedicados al bienestar del cuerpo, la mente y el espíritu? La ausencia de este bienestar es un gran «problema» y da lugar a muchas ventas. Nos lo ponemos difícil a nosotros mismos, al estar tan apegados a nuestro pensamiento y al creer que los pensamientos son reales. Esta realidad mental está vinculada a la Luna, mientras que Neptuno representa una realidad en la que el pensamiento no está presente. Las personas sujetas a esta fase intentan que ambos aspectos funcionen mejor juntos utilizando la mente. Puesto que la herramienta que se emplea es la mente, esta estrategia es poderosa. Ahora bien, tenemos que saber de qué «mente» estamos hablando y qué voz está escuchando el individuo. Hay muchas variables y es una cuestión personal, pero podemos decir que en esta fase hay una necesidad profunda de cuestionarse a uno mismo y mejorar. En algún nivel, la persona sabe que puede hacerlo mejor y busca maneras de conseguirlo. Esto podría significar estudiar la mente o entrenarla para que suelte viejos patrones y se abra a un campo de conciencia mayor. El tiempo también se somete a revisión, especialmente la visión personal de lo que es y no es el tiempo; también se analiza cómo se puede trabajar con él o dentro de él de una manera más efectiva. A través de este análisis personal, el individuo adquiere un conocimiento y una experiencia que pueden ser directamente útiles para las personas que lo rodean. Estos individuos pueden tener una visión crítica, pero su corazón es desinteresado y se apresuran a ayudar a los demás.

Hemos usado la palabra *superar* en relación con la fase gibosa, y todo lo que está conectado con Neptuno sabe también a superación, porque no podemos acercarnos a Neptuno sin superar el pasado. Para estar más presentes en el ahora, la historia tiene que desaparecer. De todos modos, inventamos toda esa historia partiendo de la mente omnisciente de Neptuno. No importa, porque no es real, pero la Luna no va a renunciar a todo eso, ¡de ninguna manera! Y, al fin y al cabo, no se trata de renunciar a todo. Pero en la fase gibosa protagonizada por la Luna y Neptuno algo tiene que ceder. Como Neptuno está implicado, lo que cede es casi siempre una falsa ilusión, un producto de nuestra estrechez mental que nos impide recibir el amor, la compasión y la verdad omniabarcantes de los que somos parte. Una vez que las personas expuestas a esta fase corrigen una sola percepción mental errónea, cambian el equilibrio y realinean el mundo entero hacia una mayor completitud. El cambio puede ser minúsculo, pero es un cambio de todos modos y tiene un impacto.

FASE LLENA (ENTRE 180 Y 225 GRADOS DE DISTANCIA) Y LA OPOSICIÓN

¡El bebé ha nacido! Bueno, esta es la manera más fácil de contemplar la fase llena: como el nacimiento de lo que se ha estado gestando. En la fase llena, dejamos la mitad creciente del ciclo y entramos en la menguante. En este punto, el impulso de producir y perfeccionar algo se transforma en el deseo de obtener lo máximo de aquello con lo que estamos trabajando, sea lo que sea. El corazón personal de la Luna y el corazón universal de Neptuno llevan un tiempo bailando al son de la misma música y conocen sus movimientos respectivos. Imagínalos en la pista de baile, alejados y a la vez unidos. Nunca se habían dado tanto espacio y, si levantan la mirada, puede ser que se vean completamente por primera vez. Esta es la sensación en la fase llena: algo que pensábamos que sabíamos se muestra de pronto bajo una nueva luz y siempre nos refleja a nosotros mismos. Eso no es realmente nuevo, por supuesto, pero la manera en que lo estamos observando sí es nueva, y esto determina que nos encontremos en una nueva fase conciencial. La fase llena protagonizada por la Luna y Neptuno supone la aparición de la objetividad en el ciclo y la relación entre el cuerpo y el espíritu será evidente ahora, si la persona quiere verla.

Todos los aspectos y fases tienen que ver con la integración, pero la integración en sentido literal se produce durante la fase llena y la oposición. Con su aroma a Libra, la fase llena tiene que ver con unir opuestos, y en este caso los opuestos son el uno y el Todo. A estas alturas hemos usado muchas palabras para describir la relación que mantienen la Luna y Neptuno; ahora, consideremos que todas ellas son opuestos. Podemos verlas como cuerpo y espíritu, tiempo y atemporalidad, cosas y nada, corazón y

Corazón, amor y Amor, ego y espíritu, pensamiento y ausencia de pensamiento, pasado y presente, y de nuevo el uno y el Todo.

La relación entre la Luna y Neptuno es el puente entre el planeta más interior y personal y el planeta más exterior e impersonal. Juntos, representan nuestra totalidad como seres humanos y espirituales. Queremos dejar claro que es imposible que podamos estar nunca incompletos o separados, pero esto no evita que nos veamos así. Las personas expuestas a esta fase pueden ver su cuerpo y su espíritu como partes separadas, que tal vez incluso están en desacuerdo o compiten entre sí. Lo mismo ocurre con el uno frente al Todo o con el mundo sujeto al tiempo frente a la vasta extensión de la atemporalidad. La polaridad estimula la experiencia de la separación para que podamos apreciar las diferencias y los extremos junto con la manera en que estos se reflejan y complementan entre sí. En esta culminación o pico del ciclo, esperamos ver más conciencia, pero las personas sujetas a esta fase necesitan que otras les sirvan de espejo y les hagan comentarios para verse a sí mismas con mayor claridad. Nadie nos fuerza a ver. Aun cuando tengamos algo justo delante, podemos elegir no mirarlo realmente. El tema de esta fase es ver lo que somos o quiénes somos en realidad y decidir hacer algo con esta información.

FASE DISEMINADA (ENTRE 225 Y 270 GRADOS DE DISTANCIA)

Ahora nos ponemos manos a la obra. Cualquiera que sea la perspectiva de la persona sobre la conexión entre su cuerpo y su espíritu, y esto incluye que pueda no tener ninguna perspectiva al respecto, está lista para hablar de ello. Quienes se inscriben en esta fase pueden sentir que saben bastante sobre asuntos espirituales y emocionales, incluso a una corta edad. No es raro que expliquen una gran verdad sobre la vida en el patio de recreo o que aconsejen a un compañero de juego. También hay un componente condicionado en esta fase, que puede manifestarse como individuos que comparten conocimientos que ellos mismos han superado. En esta fase puede surgir una combinación de soberbia y autoridad que puede hacer que estas personas sean persuasivas y, en la misma medida, ofensivas. Lo que está ocurriendo en el contexto de cerrar la brecha entre el uno y el Todo es que se comprende que la antigua percepción o, lo que es lo mismo, el viejo estado de conciencia se está volviendo restrictivo e impide el crecimiento. Incluso si esta percepción ha funcionado favorablemente en el pasado, no respaldará el futuro.

Las personas sujetas a esta fase quieren ser miembros de la sociedad valorados y respetados. Sienten que tienen sabiduría por ofrecer y por lo general están dispuestas a trabajar duro para ganarse el lugar que les corresponde en la comunidad. En el ciclo protagonizado por la Luna y Neptuno, esta fase se expresa a menudo a través de algún tipo de trabajo que contribuye al cuidado físico y emocional o al desarrollo espiritual de la gente corriente. La Luna se está acercando a Neptuno de nuevo y la distancia entre ambos es menor. Podemos imaginar que la Luna está de camino a casa y ansía regresar a sus orígenes. A lo largo del trayecto, conecta fácilmente con otros individuos y los lleva consigo. Cuando las personas expuestas a esta fase comparten lo que saben sobre la interconexión entre el microcosmos y el macrocosmos y el cuerpo y el espíritu, el tema del «hogar» siempre está subyacente. El hogar implica pertenencia, y con el binomio Luna-Neptuno podemos imaginar, crear y manifestar la mayor expresión del corazón concebido como hogar, el santuario supremo. Si se da el caso de que una persona influida por esta fase no cree en nada que esté más allá del mundo material, finito, o no está interesada en ello, aun así intentará, en algún lugar o de alguna manera, conducir a los demás a gozar de mayor seguridad.

FASE DEL ÚLTIMO CUARTO (ENTRE 270 Y 315 GRADOS DE DISTANCIA)

Ahora la Luna ha doblado la esquina y ha entrado en el último tramo previo al reencuentro con Neptuno. No pasará mucho tiempo antes de que este ciclo se haya completado y comience la siguiente etapa del viaje. Igual que ocurre cuando el final de la vida no está muy lejano, solemos tomar conciencia de lo más importante hacia el final de los ciclos. Decimos que la visión retrospectiva es la acertada, casi como si fuera una lástima que no hubié-semos visto mejor antes, pero el caso es que esta buena visión es fruto de la experiencia. Antes no la teníamos; punto. Durante la fase del último cuarto protagonizada por la Luna y Neptuno, solemos recibir el «memorán-dum» y tomamos conciencia de cuestiones que habíamos reprimido o pasado por alto anteriormente. En el ámbito del uno y el Todo y el tiempo y la atemporalidad impera lo desconocido. La Luna, protegiendo nuestra psique y nuestra cordura, limita la cantidad de «desconocido» que podemos asumir y no nos da más del que podemos recibir en cualquier momento dado. También ejecuta la misma historia, las mismas reacciones y las mismas emociones asociadas durante el tiempo que las necesitemos. Las per-sonas que se inscriben en la fase del último cuarto están preparadas para romper parte de esa protección egoica y liberarse de ella.

Sabemos que la palabra clave para la fase del último cuarto es *reorientación*; aplicada al binomio Luna-Neptu-no, podemos ver que el cuerpo físico y emocional se está reorientando hacia sí mismo en un contexto mayor. Este contexto mayor incluye algo que está más allá del yo, por-que Neptuno siempre es más. Las personas expuestas a esta fase se están volviendo menos convencionales y se están abriendo más a los misterios de la conexión entre el cuerpo y el alma y al concepto del tiempo y todas sus im-plicaciones. La contenida Luna y el incontenible Neptuno pueden retarse mutuamente para hacerse con el control, pero en el período menguante del ciclo, es como la última patada en una pelea que se sabe que ya ha terminado. El barco no va a dar la vuelta. Pero antes de que llegue, inevitablemente, a la nueva orilla, la persona tiene tiempo para las últimas revelaciones e incluso de dar una vuelta de 360 grados en cuanto a lo que piensa de sí misma y la vida desde una perspectiva más inclusiva. Todo aquello por lo que ha pasado y el punto en el que se encuentra ahora pueden adquirir un nuevo significado si experimenta un cambio de actitud. Este cambio puede ser el mejor de todos los resultados.

FASE BALSÁMICA (ENTRE 315 Y 360 GRADOS DE DISTANCIA) Y LA CONJUNCIÓN BALSÁMICA

Y finalmente la Luna personal, conservando toda la historia del individuo y suscitando la emoción que lo hace humano, se acerca a Neptuno. El uno se acerca al Todo y no tardarán en ser indistinguibles. Es como si lo que es algo se estuviese disolviendo en la nada. Todas las personas que se inscriben en esta fase sienten la inmensidad de la creación, ya sea que la experimenten como una presencia divina, como la naturaleza o como un sinsentido inexplicable. Su psique está permeada por lo místico, lo cual sienten en sus huesos, lo reconozcan o no. Ahora, la niebla de Neptuno se cierne sobre lo que antes parecía muy claro y real. Todo es cuestionable, e incluso el cuerpo fluye con una corriente diferente. Es como si la persona se encontrase en el bardo, el espacio limítrofe o de transición entre la vida y la muerte, el final y el comienzo. En este espacio la conciencia está menos conectada con el cuerpo, y se abren canales y puertas psíquicos a otras dimensiones. A veces tenemos miedo de los finales y los espacios intermedios. Claramente, esta fase puede provocar este miedo, pero también renueva la esperanza y la fe si estamos abiertos a lo que se encuentra más allá.

Al principio pensamos titular este libro «Liberar la Luna», y el hecho es que al final de este ciclo protagonizado por la Luna y Neptuno el yo se ve liberado, metafóricamente hablando, de la ilusión de la separación. Desde el punto de vista biológico, nacemos a través del útero de la Luna, pero al morir regresamos a Neptuno, el útero cósmico. Neptuno representa la fuente inicial de la que surgimos y a la que volvemos siempre. Quienes están bajo el influjo de esta fase están llegando a un final porque están casi listas para algo nuevo. Por lo general, la importancia del ego disminuye, y la persona puede perder tiempo o dejar de estar limitada por él. La fase balsámica puede generar confusión, pues hay momentos en que la vida está muy presente y momentos en que no, como cuando una luz parpadea cerca del final de su existencia. Es el momento de soltar y mezclarse con el ritmo cósmico que mencionábamos anteriormente. A la vez que estas personas están preparadas para entrar en un nuevo estado de integración y desarrollo de lo espiritual en relación con lo corporal, la sabiduría y la experiencia con las que ya cuentan tienen un valor incalculable para los individuos que se están acercando a esta fase. De la misma manera que una persona anciana aconseja a un adulto joven, aquel que está expuesto a esta fase da lo mejor de lo que es y lo que tiene ahora por el bien de los que lo siguen. Podríamos decir que se sacrifica, pero no sería la palabra apropiada. Para utilizar el lenguaje de Neptuno, como todos somos uno, el sacrificio y la generosidad no son conceptos aplicables. Es nuestra *responsabilidad* cuidar de nosotros mismos, lo cual incluye cuidar unos de otros. Y al final de los ciclos, esto incluye un cierre elegante y significativo antes de rendirse para renacer.

DIEZ

La Luna y Plutón: conectar el ego con el alma

Plutón exige que nos movamos y cambiemos. A la Luna le encanta quedarse en casa y permanecer igual. El ego y el alma ejecutan un baile en el que llevan la iniciativa por turnos. Por si no lo mencionamos antes, diremos que ninguna fase es más evolucionada que otra. Considerar que las hay más y menos evolucionadas sería una perspectiva muy egoica y nada integral o completa. La evolución no es una escalera, sino una espiral. El ciclo protagonizado por la Luna y Plutón nos da algo de información sobre un pequeño giro en la espiral en la que nos hemos metido con el fin de crecer. Nos ayuda a armonizar nuestra mente consciente con nuestras intenciones más profundas. También nos ayuda a prever el tipo de dificultades que hemos venido a afrontar. Pero no revela hasta qué punto nos manejaremos bien con las intenciones de nuestra alma o qué nos sucederá durante el viaje. Tenemos que vivirlo. Con Plutón, cuando surge la incomodidad sabemos que estamos entrando en el terreno de la realidad. A Plutón solo le interesa el resultado final: la verdad. Como se suele decir (algunos atribuyen la expresión a Carl Jung), «no se llega a la conciencia sin dolor». En el contexto de la relación entre la Luna y Plutón, el dolor temporal es el mayor signo de crecimiento.

En este libro, Plutón es el destino más alejado del Sol al que viajamos, y nos conduce a un ámbito de oscuridad, por lo que sabemos de los objetos transneptunianos. En la astrología moderna se ha vuelto bastante habitual trabajar con Plutón, si bien muchos cuestionan que este trabajo sea significativo. Plutón es el fundamento de la astrología evolutiva y no se utiliza en absoluto en la astrología védica tradicional. En estas páginas hablaremos de él desde la perspectiva de la astrología evolutiva, pero la energía y las experiencias representadas por Plutón (como la intensidad, la obsesión, la compulsión y nuestros apegos emocionales y psicológicos más profundos) son aplicables a todos nosotros. Independientemente de cómo creamos que debe usarse Plutón en la práctica astrológica, cada uno de nosotros podemos identificarnos con su energía, consciente o inconscientemente.

La astrología evolutiva considera que Plutón es el camino evolutivo del alma o el deseo del alma de experimentarse más a sí misma. El signo y la casa en los que se ubica Plutón en la carta natal revela cómo ha elegido desarrollarse, crecer y autorrealizarse el alma en un contexto de encarnación en las vidas pasadas más recientes. Este tipo de astrología tiene como base la creencia de que el alma dirige su propia evolución y su propio despertar, al menos en parte. Según esta modalidad astrológica, hay una voluntad y un deseo más profundos más allá del yo egoico. Plutón representa la esencia de lo que somos y tiene la motivación eterna de transformar o eliminar todo aquello que se interponga en el camino de nuestro crecimiento. Por lo tanto, supone un peligro máximo para la Luna. Lo que suele denominarse «la noche oscura del alma» es, más exactamente, «la noche oscura del ego». Al alma no le importa si la experiencia es incómoda. Su objetivo no es otro que crecer, cueste lo que cueste. El ego, por supuesto, se resiste, y esto da lugar a todo tipo de tensiones. Mark Jones plantea, como analogía, el caso hipotético de un gato agarrado a un trozo de madera en un río caudaloso. Cuando un bombero viene a rescatar al gato, este lucha contra él, porque cree que la madera en la que ha clavado las garras es su única salvación. Por lo tanto, lucha por aferrarse a lo que se lo está llevando. Si quieres profundizar más al respecto y saber más sobre Plutón, te recomendamos el libro de Mark titulado *Healing the Soul: Pluto, Uranus and the Lunar Nodes* [Sanar el alma: Plutón, Urano y los nódulos lunares].[14]

EL TRANSFORMADOR PLUTÓN

Plutón fue descubierto en 1930 en el Observatorio Lowell de Flagstaff (Arizona). En esos tiempos se dijo que era el noveno planeta; en 2006, sin embargo, la Unión Astronómica Internacional (UAI) lo degradó a la categoría de «planeta enano» por no cumplir con todos los criterios a partir de los cuales se define a los planetas de tamaño completo. Plutón se encuentra en el cinturón de Kuiper, una vasta región del espacio que se sitúa más allá de Neptuno y en la que hay una gran cantidad de cuerpos celestes helados transneptunianos. Plutón fue el primero de estos cuerpos que se descubrió, pero los astrónomos calculan que hay setenta mil. Plutón se encuentra más allá de Neptuno en el sistema solar, pero durante veinte años, dentro de su órbita de doscientos cuarenta y ocho años, está más cerca del Sol que Neptuno. Si vemos a Neptuno como el vasto inconsciente, el hecho de que Plutón cruce su límite y se acerque más al Sol ilustra la conciencia de lo que identificamos como el inconsciente.

El descubrimiento de Plutón coincidió en el tiempo con el surgimiento de la psicología profunda y la exploración de la relación entre la mente consciente y la inconsciente. Si bien la idea de que existe una mente inconsciente se remonta a mucho tiempo atrás, fue Sigmund Freud quien la introdujo y popularizó a principios del siglo XX. Es coherente que Plutón fuera descubierto mientras el psicoanalista y psiquiatra Carl Jung estaba desarrollando y difundiendo sus conceptos sobre la personalidad, los arquetipos y el inconsciente colectivo. Plutón, con su órbita que va cruzando el cinturón de Kuiper, representa el puente entre la conciencia y la inconsciencia, y nuestra capacidad de traer la sombra a la luz.

Plutón simboliza la transformación, y es interesante el hecho de que, según los astrónomos, su superficie cambia a lo largo de su órbita. Cuando está lo más cerca que llega a estar del Sol, su superficie helada se calienta y se evapora, convirtiéndose en gaseosa. Cuando se aleja del Sol, los gases se enfrían y la superficie se vuelve a congelar. Este cambio atmosférico es una metáfora de nuestro propio cambio: pasamos de ser puro espíritu a ser un cuerpo, con todas las fases que hay en medio, y después volvemos a ser puro espíritu. Trabajar con Plutón en la práctica astrológica nos lleva a nuestros hábitos más arraigados y nos conduce a eso que hemos estado buscando una y otra vez. Plutón nos indica dónde estamos atascados y nos muestra cómo podemos liberarnos soltando el pasado y rindiéndonos a una muerte que nos conducirá al renacimiento.

Plutón también muestra cómo usamos el poder, en qué circunstancias lo cedemos y qué creemos que tiene poder sobre nosotros. Es nuestro inframundo personal, en el que enterramos y ocultamos contenidos. También es el espacio en el que nos enfrentamos a los secretos de nuestro pasado y a nuestra sombra. Cuando hablamos de hacer frente a nuestros monstruos, estamos en el territorio de Plutón. Pero a menudo no nos damos cuenta de que algunos de nuestros mayores dones están enterrados con todo aquello que no queremos ver o reconocer. El Plutón que hay en cada uno de nosotros *no* desea que las cosas sigan igual. Quiere más para nosotros y que nos sintamos completamente vivos, lo cual requiere ejecutar un baile íntimo con la muerte y desafiar los propios límites. A nuestro yo egoico le encanta sentir que tiene el control, pero las experiencias de Plutón nos recuerdan que en realidad no lo tiene. Tratamos de manipular el mundo exterior para sentirnos mejor, arreglar los problemas y llenar el vacío, pero como dijo a sus alumnos la destacada astróloga Laura Nalbadian, «no existen soluciones externas para los problemas internos». Plutón exige que nos enfrentemos a nosotros mismos, nos responsabilicemos de todo lo que hay en nuestro interior y maduremos hasta nuestra próxima mejor versión.

LOS CICLOS DE LA LUNA Y PLUTÓN

Plutón tarda doscientos cuarenta y ocho años en dar la vuelta al Sol. Está prácticamente parado en comparación con la veloz Luna y su ciclo mensual. Plutón está casi veintiún años en cada signo. Como ocurre con Urano y Neptuno, a menos que se encuentre en un punto de transición, permanece firme en el mismo signo mientras la

Luna ejecuta unos doscientos cincuenta ciclos mensuales. La Luna se encuentra con Plutón en el mismo territorio ronda tras ronda, por lo que se impregna del mismo aroma plutoniano durante años. Plutón magnifica todo aquello con lo que entra en contacto. En el momento de escribir este libro, se encuentra en Capricornio, amplificando el estado actual de las cosas en los terrenos social, político, medioambiental y económico. Básicamente, el mundo que hemos creado ha alcanzado sus límites máximos de crecimiento y la estabilidad y la confiabilidad se están resquebrajando.

Capricornio es conocido por mantener todo en marcha, pero a pesar de su focalización y resistencia extraordinarias, todo lo que está desalineado acaba por derrumbarse. Plutón es el agente de la transformación y la Luna es la guardiana de la preservación. Para nuestro bienestar y nuestra supervivencia, tenemos que encontrar una manera de convencer a la Luna que hay en nosotros, como individuos y como colectividad, de que seguir corriente abajo a bordo de la barca que conocemos no es la respuesta. Nuestra esperanza reside en que aprendamos a nadar y a navegar por aguas nuevas. Reside en que elijamos algo diferente y nos adaptemos a lo que necesitamos ahora. Plutón nos impulsa desde el centro de nuestro ser, y cuando sintonizamos con esta guía o brújula verdadera, podemos superarlo todo.

CONECTAR EL CUERPO Y EL ALMA

Ya lo hemos dicho, pero vale la pena repetir que soltar es una exigencia para Plutón. Esto implica soltar el pasado, sí, pero se trata más que nada de soltarse para *entrar* en un nuevo territorio. Unir el ego (la Luna) y el alma (Plutón) tiene que ver con llegar al fondo de lo que se necesita en este punto del viaje de autodescubrimiento. La Luna tiene sus reacciones emocionales miopes ante Plutón. Desde su punto de vista, Plutón parece el borde tras el cual está el abismo. La Luna, atada al cuerpo físico, experimenta unas sensaciones que son difíciles de ignorar. Hará todo lo que pueda para salvarse del fuego de la transformación. Pero por más que se oponga, se esconda, llore o se obstine la Luna, malhumorada y preocupada, Plutón no se detendrá ni alterará sus planes. Ve las cosas desde un prisma completamente diferente. Su visión de tipo láser ve más allá de la fachada de realidad y seguridad que presenta la Luna.

Adam Gainsburg escribe lo siguiente en su libro *The Soul's Desire and the Evolution of Identity: Pluto and the Lunar Nodes* [El deseo del alma y la evolución de la identidad: Plutón y los nodos lunares]:

El alma no está limitada por el tiempo y el espacio. Ve la experiencia de la encarnación y manifiesta la creación de la única manera que puede: desde su perspectiva. Verá las posibilidades de la experiencia de la encarnación desde su propio estado de completitud, como tonos infinitamente variados de posibilidades de luz, amor, sonido o forma. No verá las distinciones entre las energías de los signos astrológicos, por ejemplo, porque no tiene la necesidad vibratoria de hacerlo. Verá sus diferencias como una unidad heterogénea.[15]

El ciclo protagonizado por la Luna y Plutón revela en qué punto estamos con respecto a integrar determinados aspectos de nosotros mismos conscientes e inconscientes. Vivimos conscientemente según la Luna, buscando comodidades familiares, como una persona especial a la que amar, una mascota, la manta que hizo la abuela y todo aquello que conocemos y valoramos. Al vivir según la Luna, nos identificamos con la personalidad o autoidentidad que hemos creado, con sus cualidades, sus necesidades y su historia. También vivimos según Plutón, deseando seguir la llamada de nuestra alma a conocernos a nosotros mismos como la energía o corriente subterránea que fluye en todo lo anterior, sin estar apegada a nada de ello. La Luna, aunque tradicionalmente se considera un planeta nocturno, es un recipiente de luz que emite luz. Su objetivo es iluminar reflejando. Plutón es la oscuridad y las sombras, lo cual implica la existencia de la luz, si bien se pone el acento en la ausencia de esta. La unión del ego y el alma, la luz y la sombra, la conciencia y la inconsciencia nos preserva y transforma a la vez. Plutón no puede hacer su trabajo con el alma si no hay nada personal que perder. Y la Luna no puede perder nada que sea real para el alma.

FASES DE LA LUNA Y PLUTÓN

FASE NUEVA (ENTRE 0 Y 45 GRADOS DE DISTANCIA) Y LA NUEVA CONJUNCIÓN

La conjunción de Plutón con la Luna brinda una de las experiencias más exigentes de la vida desde el punto de vista emocional, y nos obliga a asumir cuestiones con las que no nos sentimos cómodos necesariamente, dentro de nosotros mismos sobre todo. Las personas expuestas a esta fase pueden acabar asociándose con individuos que tienen una personalidad muy intensa. De hecho, quienes están pasando por esta fase, o que nacieron con esta configuración, suelen ser extremadamente intensos ellos mismos. Desde el punto de vista evolutivo, esta fase puede ser terapéutica, pues ofrece lecciones sobre la manera de afrontar los altibajos de la vida, especialmente en las situaciones extremas. Estas lecciones constituyen oportunidades maravillosas de revisarse a uno mismo y cambiar lo que sea necesario para vivir más empoderado, en sintonía con las intenciones de crecimiento del alma.

La psique de las personas sujetas a esta fase puede verse superada por la abundancia relativa de sucesos rigurosos que acontecen en la vida; estos tienen un impacto directo en su estado psicológico. No estamos exagerando en lo relativo a este sentimiento, porque todos somos resistentes al cambio por naturaleza y lo pasamos muy mal cuando tenemos que afrontar uno. El problema que supone aceptar cualquier cambio en esta fase es que puede desencadenar miedo y sentimientos oscuros en cuanto a la conformación de la vida en el futuro. La incertidumbre se muestra acosadora, lo que dificulta llegar a alguna conclusión con respecto a la toma de decisiones. La fase nueva es de acción sin más, y al final estas personas no tienen otra opción que experimentar los cambios drásticos que les estaban reservados (drásticos, sobre todo, desde el punto de vista psicológico).

Los individuos que están bajo el influjo de la fase nueva entre la Luna y Plutón tienen vínculos emocionales con sus seres queridos principalmente. Las relaciones románticas pueden ser extremadamente intensas, y cualquier ruptura o traición en el contexto de la relación puede dañar significativamente el espíritu de estas personas, que puede tardar mucho tiempo en sanar. Por otro lado, esta fase también tiene que ver con el proceso de autosanación, que es el resultado de soportar dolor en diversos momentos de transición de la vida. El ego y el alma son espectros diferentes de la experiencia humana, y la práctica de unirlos es muy difícil de dominar. La fase nueva protagonizada por la Luna y Plutón constituye una nueva oportunidad de hacerlo.

FASE CRECIENTE (ENTRE 45 Y 90 GRADOS DE DISTANCIA)

Puesto que la Luna se está alejando de Plutón, es capaz de ver los asuntos a su manera. Por lo tanto, las emociones son intensas, pero son muy diferentes de las que surgen en la fase nueva. Esto se debe a que en la fase creciente protagonizada por la Luna y Plutón las personas son más conscientes de lo que ocurre a su alrededor, a pesar de que las emociones están presentes en la mayoría de las situaciones. A los que están expuestos a esta fase se les da bien tratar con otros muy intensos y que son difíciles de manejar. También están más preparados y listos para introducir algunos cambios significativos en su forma de vivir.

En su búsqueda de una experiencia espiritual, estas personas pueden dejar de relacionarse con aquellas que creen que no les aportarán nada en sus emprendimientos futuros. Tal vez abandonen ideologías que consideran pasadas de moda. También es probable que efectúen con rapidez cambios significativos en su situación vital; por ejemplo, pueden poner fin a una relación importante, lo cual dará lugar, con el tiempo, al inicio de otra relación y a muchas experiencias transformadoras nuevas. Ninguno de estos cambios está planificado, pero no dejan de producirse, y el resultado es todo un período de transformaciones rápidas en la vida de la persona.

Si bien los individuos sujetos a esta fase están bastante dispuestos a aceptar los nuevos cambios, también podrían perder el entusiasmo si no los perciben como totalmente positivos, por lo que tal vez se muestren un poco cautelosos. Si bien el ego (la Luna) cuenta con mayor libertad si está alejado del alma (Plutón), también ocurre que se va familiarizando con varias experiencias a lo largo del camino y se va desvinculando del alma poco a poco.

A medida que se produce esta separación, se vuelve más difícil ver la verdad completa. La mayoría de los seres humanos típicos esperan sentirse bien con el fruto de sus elecciones, y cuando esto no es así, las circunstancias se vuelven difíciles de aceptar. Plutón es un planeta generacional* que ofrece experiencias que obligan a la persona a afrontar retos transformadores que permanecerán con ella a lo largo de muchas vidas futuras.

FASE DEL PRIMER CUARTO (ENTRE 90 Y 135 GRADOS DE DISTANCIA)

Las personas que se inscriben en esta fase pueden ser extremadamente emocionales. No es prudente gastarles una broma, porque pueden ponerse muy serias cuando se toman algo de manera personal. A medida que la Luna avanza en su viaje, evoluciona con las experiencias y la postura mental del individuo, que en este punto puede tomarse muy en serio a sí mismo y tener reacciones emocionales. Puede ser que atraviese algunos períodos dolorosos y experimente perturbaciones emocionales. Esta es otra fase crucial en que está eternamente sujeto a ejecutar cambios contundentes en sus ámbitos psicológico y físico.

En algunos sentidos, la fase del primer cuarto protagonizada por la Luna y Plutón es el momento de corregir acciones de carácter egocéntrico llevadas a cabo en el curso

---

* N. del T.: En el campo de la astrología, los planetas generacionales son aquellos que afectan a toda una generación de personas. Además de Plutón, Urano y Neptuno son también planetas generacionales.

anterior del camino vital de la persona. Estamos hablando del tipo de acciones impulsadas por el egoísmo que alteraron la evolución de la mente humana en su sentido más elevado. El ego quiere todo lo que desea, pero el alma no pide nada. El alma es una esencia inalterable, si bien comulga totalmente con la verdad y la justicia. Esta es una fase en que las personas podrían tener que acabar con algunas de sus obsesiones y aceptar el punto de inflexión en su vida que acabará por alinearlas con su propósito superior.

El factor confianza es muy importante durante esta fase, y estas personas confiarán en otras una vez que tengan un grado razonable de familiaridad con ellas. Esto se debe a que no tienen mucho tiempo para analizar a una persona dada para ver si puede formar parte integral de su propia existencia, junto con la existencia del cosmos o universo. Las relaciones problemáticas o fallidas son un peso enorme con el que cargar durante esta fase, y parecen añadir sal a la herida. Es importante que permanezcan enfocadas en su propio camino en lugar de fijarse en los demás, para no generar más perturbaciones en el proceso de salvar la distancia entre el ego y el alma.

En esta fase hay tendencia a buscar la atención y el aplauso, lo cual distorsiona la genuina expresión del yo. Puede ser que la competencia y la espectacularidad desemboquen en una sensación de vacío. Los celos pueden arruinar la belleza de la inocencia. Sin embargo, a pesar de todo, esta fase contiene el potencial de una manifestación creativa excepcional.

FASE GIBOSA (ENTRE 135 Y 180 GRADOS DE DISTANCIA)

Las personas expuestas a esta fase han estado aceptando la vida tal como venía, les gustase o no, y ahora la vida les presenta más opciones que antes. Estos individuos suelen estar más seguros de sí mismos frente a la vida y suelen tener más claro cómo quieren enfocarla. Esto hace que, de forma natural, se encuentren en un estado mental y de ánimo mejor para lidiar con las situaciones difíciles. También conservan la estabilidad mental en las circunstancias que implican tensión emocional, pues ya han experimentado esta intensidad emocional y están mejor equipados para manejarla. El ego aborda muy bien las condiciones de la vida para mantenerse en sintonía con el propósito del alma.

Estos individuos tienen un buen instinto en relación con varias situaciones emocionales de la vida y les resulta fácil actuar, tomando en consideración los posibles resultados en el nivel mental. Habiendo dicho todo esto, conviene señalar que estas personas no pecan de exceso de confianza, y si su nivel de conciencia lo permite, están constantemente al acecho del propósito más grande del alma. En la mayoría de los casos, ni siquiera los sucesos más dramáticos perturban su presencia mental, porque su cerebro emocional está intacto, al comprender la realidad y muchos de los otros ámbitos ocultos a los que Plutón lleva al ego. Esto no significa que no experimenten dificultades emocionales; solo significa que se encuentran en una posición mejor para gestionar los desafíos emocionales intensos.

Además de manejar bien las crisis que puedan aparecer en su propia vida, los individuos sujetos a esta fase también pueden ser excelentes consejeros para otros que se están tambaleando a causa de un trauma emocional. Tienen la capacidad de profundizar en la esfera psicológica de los seres humanos con más facilidad que otras personas. Esto les permite ser útiles en muchas situaciones emocionalmente complicadas y problemáticas.

FASE LLENA (ENTRE 180 Y 225 GRADOS DE DISTANCIA) Y LA OPOSICIÓN

Al encontrarse frente a frente el ego (la Luna) y el alma (Plutón), la persona juntará el alma y el ego en varios momentos cruciales a lo largo de su encarnación actual. Estos individuos tienen un sentido innato que les permite distinguir entre el ego y el alma y a la vez armonizarlos, lo cual los ayuda a conseguir tanto el éxito personal como el espiritual. Quienes se inscriben en esta fase tienen la capacidad de comprender que es necesario equilibrar la vida material y la espiritual. Les cuesta conectar emocionalmente con los demás desde el principio, porque les resulta más fácil permanecer desconectados en su búsqueda de la experiencia espiritual.

La constante necesidad de cuidar de sí mismas es una prioridad en la vida de estas personas. Tienen que comunicarse con su espíritu interior para comprender el significado más profundo de la vida. Más que buscar inspiración fuera, la buscan en su yo interior y en sus experiencias pasadas; se les da muy bien proceder así. Y saben aprovechar al máximo sus experiencias de vida en su proceso evolutivo. Por otra parte, como la fase llena tiene que ver siempre con las relaciones, para las personas sujetas a esta fase también es importante compartir su inspiración y colaborar con los demás.

La fase llena protagonizada por la Luna y Plutón implica una transformación emocional en la que los individuos deben trascender los horizontes internos más profundos, más allá de lo que estén persiguiendo en el ámbito material. Están advirtiendo y comprendiendo que el verdadero propósito de la vida es ser, permanentemente, alumnos que aprenden el arte de estudiar la profunda sabiduría contenida en el proceso evolutivo al que están sujetos como seres humanos. Debido a la oposición y a su tira y afloja inherente, estas personas siempre tienen que distinguir entre los deseos incesantes de la mente emocional humana y el deseo del ser espiritual interior, es decir, el alma.

FASE DISEMINADA (ENTRE 225 Y 270 GRADOS DE DISTANCIA)

La Luna tiene más voz en esta fase que conforma con Plutón, y las emociones son intensas cuando la persona siente la necesidad de someterse a la dirección de alguien sabio. La combinación de la Luna y Plutón es, de por sí, seria e intensa, y esta fase lo refleja, sobre todo en lo relativo a manejar las relaciones románticas. Los pensamientos y sentimientos intensos y profundos que se albergan por la persona amada pueden incrementarse aún más, y el sentimiento de intimidad aumenta.

Por otra parte, la fase diseminada protagonizada por la Luna y Plutón también indica creatividad en el lado oscuro. Cuando decimos «oscuro», no lo hacemos con ninguna connotación negativa; solo nos estamos refiriendo al ámbito de las sombras. Estas personas pueden sorprender a la comunidad manifestando una energía creativa y artística de una manera muy inesperada. Sorprendentemente, alguien que puede parecer rudo podría tener un cociente creativo operando al máximo de su potencial entre bastidores. A medida que la Luna se abre camino, estos individuos pueden expresarse frente al público en general de un modo muy intenso. Sus poderes intuitivos y su presencia mental pueden ser buenos, pero al mismo tiempo pueden resultar controvertidos. Es importante que sean conscientes de lo que dicen a las personas que no forman parte de su círculo cercano.

La energía creativa de quienes se inscriben en la fase diseminada de la Luna y Plutón puede influir en una comunidad y en su progreso expansivamente, si bien esto está sujeto a lo que indique la totalidad de la carta natal. Si la energía de Plutón se dirige constructivamente, estas personas pueden manifestar poderosamente sus habilidades creativas y artísticas ante el público, y ejercer de esta manera una influencia motivadora significativa. Estos individuos tienen la capacidad de irrumpir en el corazón de los demás.

FASE DEL ÚLTIMO CUARTO (ENTRE 270 Y 315 GRADOS DE DISTANCIA)

Esta es otra fase que impone múltiples cambios a los ámbitos psicológico y físico de la persona. Algunos sucesos del pasado siguen ahí como un recuerdo persistente, lo cual intensifica la forma de pensar de estos individuos, que se toman muy en serio sus necesidades emocionales y psicológicas. Estas personas pueden ser obsesivas con sus vínculos emocionales, lo cual hace que les resulte extremadamente difícil experimentar cualquier cambio. Pero a veces cambiar es la única opción. Como a menudo quienes están expuestos a esta fase no están preparados para afrontar más cambios, sobre todo psicológicamente, la transición de su existencia condicionada a hacer sitio para algo nuevo puede ser dolorosa y difícil desde el punto de vista emocional. Puede ser que tengan que separarse de las personas y pertenencias a las que han estado apegados emocionalmente, e incluso más: de todo su sentimiento de autoidentidad.

A lo largo de esta fase, a la persona cada vez le cuesta más desarrollar nuevos vínculos con los individuos que pasan a formar parte de su vida de alguna manera. Esta actitud contenida puede hacer que parezca alguien frío o insensible, y está expuesto a que lo malinterpreten. Lo que ocurre en realidad es que las personas sujetas a esta fase están luchando internamente contra las barreras emocionales más intensas para adaptarse a lo que sea que tengan que afrontar en un momento determinado, en lo que respecta a la seguridad y estabilidad emocional.

Aunque esta es una fase crítica en el desarrollo evolutivo de la mente humana para alinearse con la idea filosófica de la aceptación, la fase de transición de una parte emocional a otra o de un nivel de la vida a otro es una experiencia muy dolorosa. Es importante que las personas expuestas a esta fase se desprendan de sus hábitos y comportamientos autodestructivos para ayudarse a sí mismas a alcanzar un estado de ser más consciente y liberado.

FASE BALSÁMICA (ENTRE 315 Y 360 GRADOS DE DISTANCIA) Y LA CONJUNCIÓN BALSÁMICA

La fase balsámica protagonizada por la Luna y Plutón es una de las fases más intensas de la vida humana, o la más intensa de todas. Ahora bien, es importante no considerar esta fase como negativa y percibir el rayo de luz que hay en el círculo oscuro que nos rodea. Por lo tanto, hay que conservar la calma y la compostura. Siempre hay esperanza, y solo conocemos la luz en contraste con la oscuridad. Durante esta fase de angustia potencial, en que contamos con menos orientación externa y en que nuestro sistema de creencias está deteriorado, nos enfrentamos a la oscuridad y la insatisfacción. En un nivel muy profundo, las personas sujetas a esta fase pueden sentir que ya no cuentan con protección, pues ya no pueden verse a sí mismas de una manera consciente.

Solo en la oscuridad podemos ver la belleza de esta. Solo podemos percibir el regalo que aporta la ceguera si nuestros ojos no pueden ver. Es entonces cuando estamos expuestos a algunas de las ideas más místicas que aportan cambios revolucionarios a la propia vida y a la forma de entender la existencia. Las personas impactadas por esta fase están expuestas a los lados de la vida más ocultos y misteriosos y pueden lograr un gran equilibrio entre lo mundano y lo místico. Es importante que permanezcan receptivas a la naturaleza, incluso sumisas frente a esta, durante esta fase. Se están revelando secretos. Aquellos que están bajo el influjo la fase balsámica de la Luna y Plutón necesitan experimentar la energía de lo que se está gestando dentro y alrededor de ellos, porque no tendrán una visión clara de lo que está sucediendo o lo que es real.

Acontecen hechos surrealistas y se encuentran nuevos desenlaces en varios momentos inesperados de la vida. Este es el final antes de que el ego y el alma empiecen a confluir, y este es un pensamiento muy alentador. Durante esta fase aprendemos a resolver los problemas del pasado y nos preparamos para seguir adelante en nuestro viaje a medida que somos capaces de ver, progresivamente, las verdaderas realidades de la vida.

Conclusión

Gracias a la Luna podemos analizar el yo interior y el bienestar psicológico de las personas. La asociación de la Luna con los signos, las casas, los planetas y los aspectos revela las dinámicas del estado de bienestar humano. A lo largo de este libro hemos pretendido ofrecer información profunda en cuanto a la manera de cerrar la brecha entre nuestro ego, o yo personal más íntimo (representado por la Luna), y distintos aspectos de nosotros mismos, incluidos los menos personales (representados por los otros planetas). En gran medida, nuestro viaje de autodescubrimiento consiste en comprender lo que estamos haciendo ahora y cómo podemos prepararnos para lo que nos aguarda en el futuro. Esto nos da algo de claridad, y la claridad da como resultado una mente más libre y dotada de una mejor visión. Podemos ver más claramente dónde estamos, qué estamos haciendo, por qué lo estamos haciendo y qué nos depara el futuro.

Como ocurre con cualquier otra disciplina, la astrología es un campo en el que uno mejora con la práctica. El hecho de reflexionar sobre nuestras experiencias y escribir sobre ellas, y de hablar con otras personas que compartieron las suyas, hizo que escribir este libro fuese un proceso de transformación personal para nosotros. Gran parte del tiempo vemos lo que queremos ver y no vemos lo que la astrología, o la vida, nos está mostrando. En cuanto a la astrología, normalmente nos remitimos a lo que hemos aprendido y lo dejamos ahí. Mirar algo con ojos nuevos o probar una nueva técnica abre la puerta a algo diferente. Cuando no sabemos la respuesta o la interpretación, hacemos sitio para que el cosmos nos hable directamente a nosotros y hable a través de nosotros. Al crear este material, hicimos todo lo que pudimos para escuchar a la Luna y a todos los planetas. Comprender las intrincadas experiencias y el crecimiento que tienen lugar en nuestro interior mientras pasamos por los ciclos conformados por la Luna en su relación con los otros planetas es un poco complicado, pero es un gran tesoro por descubrir, pues nos conduce al mismísimo núcleo del viaje de autodescubrimiento.

Notas

1. Richard Tarnas (2006). *Cosmos and Psyche: Intimations of a New World View*. Nueva York, EUA: Penguin Group, p. 109 (Personal Transit Cycles, 'ciclos de tránsito personales').

2. Chris Brennan. «Robert Hand on Reconciling Traditional and Modern Astrology». *The Astrology Podcast*, episodio 12.

3. Dane Rudhyar (1967). *The Lunation Cycle: A Key to the Understanding of Personality*. Santa Fe (Nuevo México), EUA: Aurora Press. Aquí subrayamos una idea fundamental que Rudhyar desarrolla a través de su trabajo.

4. Three Initiates (2012). *The Kybalion*. CreateSpace Independent Publishing Platform (borrador de impresión), p. 16. Este es solo uno de los muchos libros sobre la filosofía y los principios herméticos basados en las enseñanzas de Hermes Trismegisto. Esta referencia en concreto es relativa a la ley de correspondencia.

5. Gregg Henriques (22 de diciembre de 2011). «What Is the Mind?». *Psychology Today*. https://www.psychologytoday.com/ie/blog/theory-knowledge/201112/what-is-the-mind. Consultado en mayo de 2021.

6. Dale Carnegie (1936). *How to Win Friends and Influence People*. Nueva York, EUA: Simon and Schuster, p. 14.

7. Esta cita está sacada de la obra de 1993 *Serious Creativity: Using the Power of Lateral Thinking to Create New Ideas*. Nueva York, EUA: Harperbusiness. www.debono.com/quotes-1. Consultado en mayo de 2021.

8. Marcus Aurelius (2017). *Meditations*, traducido por George Long. Fingerprint Classics, libro VI, p. 94.

9. Robert Wilkinson (2017). *Saturn: Spiritual Master, Spiritual Friend*. Edición Kindle, Fifth Ray Publishing, p. 10.

10. Dane Rudhyar (1970). *The Astrology of Personality: A Re-Formulation of Astrological Concepts and Ideals, in Terms of Contemporary Psychology and Philosophy*. Nueva York, EUA: Doubleday Paperback Edition, p. 258.

11. Jeffrey Wolf Green (2014). *Uranus —Freedom from the Known*. School of Evolutionary Astrology, p. xiii.

12. Jiddu Krishnamurti (1987). *Krishnamurti to Himself*. Harper One, p. 66.

13. Ibid., p. 67.

14. Mark Jones (2011). *Healing the Soul: Pluto, Uranus and the Lunar Nodes*. Raven Dreams Press.

15. Adam Gainsburg (2006). *The Soul's Desire and the Evolution of Identity: Pluto and the Lunar Nodes*. Soulsign, p. 2.

Bibliografía

LIBROS

Forrest, Steven (2016). *The Book of Neptune*. Borrego Springs (California), EUA: Seven Paws Press.

_____. (2012). *The Inner Sky: How to Make Wiser Choices for a More Fulfilling Life*. Borrego Springs (California), EUA: Seven Paws Press.

Gainsburg, Adam (2005). *Sacred Marriage Astrology: The Soul's Desire for Wholeness*. Nashville (Tennessee), EUA: Cold Tree Press, 2005.

_____. (2006). *The Soul's Desire and the Evolution of Identity: Pluto and the Lunar Nodes*. Soulsign Publishing.

Green, Jeffrey Wolf (2014). *Uranus —Freedom from the Known*. School of Evolutionary Astrology. [En castellano: (2018). *Urano nos libera del Conocido*. CreateSpace Independent Publishing Platform].

Henriques, Gregg (2011). *A New Unified Theory of Psychology*. Springer.

Jones, Mark (2011). *Healing the Soul: Pluto, Uranus and the Lunar Nodes*. Portland (Oregón), EUA: Raven Dreams Press.

Jung, Carl (1985). *Synchronicity: An Acausal Connecting Principle*. Routledge. [En español: (2000). *Sincronicidad*. Málaga, España: Sirio].

Krishnamurti, Jiddu (1987). *Krishnamurti to Himself*. Harper One. [En español: (1999). *Diario II: El último diario*. Barcelona, España: Kairós].

Rudhyar, Dane (1970). *The Astrology of Personality: A Re-Formulation of Astrological Concepts and Ideals, in Terms of Contemporary Psychology and Philosophy*. Doubleday Paperback Edition. [En español: (1989). *Astrología de la personalidad*. Buenos Aires, Argentina: Kier].

_____. (1967). *The Lunation Cycle: A Key to the Understanding of Personality*. Santa Fe (Nuevo México), EUA: Aurora Press. [En español: (2000). *El ciclo de las lunaciones*. Málaga, España: Sirio].

Tarnas, Richard (2006). *Cosmos and Psyche: Intimations of a New World View*. Nueva York, EUA: Penguin Group. [En español: (2017). *Cosmos y psique: indicios para una nueva visión del mundo*. Vilahur (Gerona), España: Atalanta].

Three Initiates (2012). *The Kybalion*. CreateSpace Independent Publishing Platform (borrador de impresión). [En español, *El Kybalión* está publicado por varias editoriales].

Wilkinson, Robert (2017). *Saturn: Spiritual Master, Spiritual Friend*. Edición Kindle, Fifth Ray Publishing.

PODCASTS

Brennan, Chris. «Robert Hand on Reconciling Traditional and Modern Astrology». *The Astrology Podcast*.

SITIOS WEB*

Cafeastrology.com/calendars/moonphasescalendar: información sobre las fases lunares en general.

Cafeastrology.com/whats-my-moon-sign: Busca tu signo lunar y aprende más sobre él. También hay información general sobre las fases de la Luna.

Tarot.com/astrology/moon-phases: Información sobre las fases lunares en general.

---

* N. del T.: En español hay abundantes sitios web que brindan información sobre las fases de la Luna y sobre las fases lunares desde el punto de vista de la astrología. También hay abundantes sitios web que permiten averiguar cuál es el propio signo lunar, aunque esta es una información incluida en la carta natal, que puede obtenerse en muchos sitios de Internet también.

Sobre los autores

ACERCA DE ASWIN SUBRAMANYAN

Aswin Subramanyan, astrólogo de la India, tiene conocimientos sólidos sobre astrología védica, pero también se interesó mucho por la astrología helenística y la medieval, y combina estas tres tradiciones en su práctica. Quedó igualmente impresionado por el enfoque psicológico y evolutivo de los astrólogos evolutivos. Aswin está muy centrado en salvar la brecha entre las modalidades de astrología orientales y las persas/europeas medievales. Su libro sobre la técnica persa del señor del tiempo, *Firdaria: Periods of Life* [Firdaria: Períodos de la vida], se publicó en marzo de 2021. Actualmente está escribiendo su próximo libro sobre métodos de predicción anual, que reunirá las obras de los griegos, los persas y los indios, y proporcionará un marco para utilizar estas obras en la práctica.

Además de ser astrólogo, escritor y editor, Aswin trabaja en un banco de inversión. Tiene una doble maestría en Finanzas y Gestión Laboral, y está interesado en la economía y las finanzas globales. Cuando no practica la astrología, Aswin disfruta tocando música clásica del sur de la India con su guitarra eléctrica. También es un estudiante eterno de las filosofías vedanta y griega. Cree que el camino de la vida fue escrito hace años y que solo ocurre que tenemos diferentes gafas para ver lo mismo de distintas maneras en momentos distintos. La filosofía de Aswin ante la vida es la de vivir y dejar vivir. Para saber más, siempre puedes visitar www.theabverdict.com, donde tienes la opción de ponerte en contacto con él.

ACERCA DE TARA AAL

© Darren Morales

Tara Aal es astróloga evolutiva, escritora, artista y lectora de tarot. Además de escribir esta obra, es coautora de *Natural Astrology: Houses, Signs, Planets* [Astrología natural: casas, signos, planetas]. El enfoque de Tara frente a los arquetipos es vivencial y creativo, e incluye la técnica astrológica Planets on the 1st ('planetas en el primero'). Creó una serie de vídeos de YouTube titulados «We Are the Planets» ('nosotros somos los planetas') a través de encuentros sobre astrología evolutiva por

Zoom. Tara estudió ampliamente con Laura Nalbandian y Adam Gainsburg, creador de la Soulsign Astrology ('astrología del signo del alma').

Desde 2010, ha estado construyendo su práctica a través de los clientes, la enseñanza, el arte y la escritura. Ha participado como oradora en la Northwest Astrological Conference (NORWAC, 'conferencia astrológica del noroeste'), la United Astrology Conference (UAC, 'conferencia de astrología unida'), el Kepler College, la Washington State Astrological Association ('asociación astrológica del estado de Washington'), la International Society for Astrological Research (ISAR, 'sociedad internacional para la investigación astrológica'), la Astrology of Awakening Summits ('astrología de las cumbres del despertar') y el Indian Institute of Oriental Heritage ('instituto indio de herencia oriental'). El trabajo de Tara ha aparecido en muchas publicaciones, como las revistas *The Mountain Astrologer* y la *Infinity Astrological Magazine*. Actualmente es la astróloga permanente y una de las principales escritoras de la web Sage Goddess ('diosa sabia') y es directora de *marketing* de la International Society for Astrological Research Board ('junta de la sociedad internacional para la investigación astrológica'). A Tara también le apasionan la música, la fotografía, la pintura, el dibujo y explorar la naturaleza y el aire libre. Para saber más o comunicarte con ella, visita www.TaraAal.com.